ŒDIPE,
TRAGEDIE
PAR MONSIEUR DE VOLTAIRE.

SECONDE EDITION.

Revûë, corrigée & augmenté d'une Lettre.

A PARIS,

Chez
{ PIERRE RIBOU, seul Libraire de l'Academie Royale de Musique, Quay des Augustins, à la quatriéme Boutique en descendant le Pont-Neuf, à l'Image S. Louis.

ET

JACQUES RIBOU, Fils, à l'entrée de la ruë de Hurpois du côté du Pont S. Michel, aux trois Pommes de Pin.

M. DCC. XIX.
Avec Approbation & Privilege du Roy.

A

SON ALTESSE ROYALE

MADAME.

ADAME,

Si l'usage de dédier ses Ouvrages à ceux qui en jugent le mieux n'étoit pas établi, il commenceroit pour VOTRE

ã ij

EPISTRE.

ALTESSE ROYALE. *La protection éclairée dont vous honorés les succés ou les efforts des Auteurs, met en droit ceux même qui réüssissent le moins, d'oser mettre sous vôtre Nom des Ouvrages qu'ils ne composent que dans le dessein de vous plaire. La liberté que je prends de vous offrir ces foibles Essais n'est autorisée que par mon zele qui me tient lieu de merite auprés de vous. Heureux, si encouragé par vos bontés, je puis travailler long-tems pour V. A. R. dont la conservation n'est pas moins précieuse à ceux qui cultivent les beaux Arts qu'à toute la France, dont elle est les délices & l'exemple. Je suis avec un profond respect,*

MADAME,

DE VOTRE ALTESSE ROYALE

Le trés-humble, & trés-obéïssant serviteur,
AROUET DE VOLTAIRE.

APPROBATION.

J'Ai lû par ordre de Monseigneur le Garde des Sceaux, *Oedipe, Tragedie*. Le Public à la representation de cette Piece s'est promis un digne successeur de Corneille & de Racine ; & je crois qu'à la lecture il ne rabatra rien de ses esperances. A Paris ce 2. Decembre 1718.

HOUDAR DE LA MOTE

PRIVILEGE DU ROY.

LOUIS par la grace de Dieu Roi de France & de Navarre; A nos amés & féaux Conseillers, les gens tenans nos Cours de Parlemens, Maîtres des Requêtes ordinaires de nôtre Hôtel, Prevôt de Paris, Baillifs, Sénechaux, leurs Lieutenans Civil, & à tous autres nos Officiers & Justiciers qu'il apartiendra, Salut : Nôtre cher & bien amé le Sieur * * * Nous a trés-humblement fait remontrer qu'il desiroit faire imprimer, & donner au Public un livre qui a pour titre, *Oedipe, Tragedie*, qu'il a composée ; avec quelques Dissertations, pourquoi il nous a trés-humblement fait suplier de lui accorder nos Lettres sur ce necessaires : A ces causes, voulant favorablement traiter l'Exposant, Nous lui avons permis & accordé, permettons & accordons par ces Presentes de faire imprimer, vendre & debiter par tout nôtre Royaume, Païs, Terres & Seigneuries de nôtre obeïssance, le susdit livre en un ou plusieurs volumes, marges, caracteres, & autant de fois que bon lui semblera pendant le temps & espace de neuf années entieres & consecutives, à commencer du jour de la datte desdites Presentes, durant lequel temps nous faisons trés-expresses inhibitions & défenses à tous Libraires, Imprimeurs, & autres personnes de quelque qualité & condition qu'elles soient, d'imprimer ou faire imprimer le susdit livre, sous prétexte de permission, changement de titre, correction ou augmentation, ni d'en extraire aucune chose pour joindre à d'autres livres, ni d'en copier les planches & graveures en nulle façon que ce soit, ni sous quelque prétexte que ce puisse être, même d'en vendre des exemplaires contrefaits, ou d'impression étrangere, sans la permission expresse ou par écrit dudit Exposant ou de ses ayans cause, à peine de confiscation des exemplaires contrefaits, trois mil livres d'amende contre chacun des contrevenans, dont un tiers au dénonciateur, & l'autre tiers audit Exposant, & de tous dépens, dommages & interêts; à la charge que l'impression en sera faite en nôtre Royaume & non ailleurs, en beau papier & en beaux caracteres, conformément aux Reglemens pour la Librairie ; & qu'avant d'exposer en vente ledit livre, il en sera mis deux exemplaires en nôtre Bibliotheque publique, un en celle de nôtre Cabinet des livres de nôtre Château du Louvre, & un en celle de nôtre trés-cher & féal Chevalier, Garde Sceaux de France, le Sieur de Voyer de Paulmy, Marquis d'Argenson; & que ces Presentes seront registrées és Registres de la Communauté des Imprimeurs & Libraires de Paris, dans trois mois le tout à peine de nullité des Presentes; & du contenu desquelles Vous mandons & enjoignons faire joüir & user ledit Exposant & ses ayans cause pleinement & paisiblement, & faisant cesser tous troubles & empêchemens contraires : Voulons qu'en mettant au commencement ou à la fin dudit livre copie des Presentes, elles soient tenuës pour dûëment signifiées, & qu'aux copies collationées par l'un de nos amés & féaux Conseillers Secretaires, foy soit ajoutée comme à l'original : Commandons au premier nôtre Huissier ou Sergent faire pour l'execution des Presentes tous exploits, significations, saisies & autres actes de justice requis & necessaires, sans demander autre permission ; CAR tel est nôtre plaisir. DONNE' à Paris le dix-neuviéme jour de Janvier l'an de grace mil sept cent dix-neuf, & de nôtre Regne le quatriéme. *Signé*, Par le Roy en son Conseil, CARPOT, & scellé du grand Sceau de cire jaune.

Il est ordonné par l'Edit du Roy, du mois d'Aoust 1686. & Arrêts de son Conseil, que les Livres dont l'impression se permet par Privilege de Sa Majesté, ne pourront être vendus que par un Libraire ou Imprimeur.

Ledit Sieur D*** a cédé à perpetuité ledit Privilege à Pierre Ribou Libraire à Paris. Ce quatre Mars mil sept cent dix-neuf.

Regiſtré ſur le Regiſtre 4. de la Communauté des Libraires & Imprimeurs de Paris, page 428. n. 468. conformément aux Reglemens & notamment à l'Arrêt du Conseil du 13. Aouſt 1703. A Paris ce 15. Janvier 1719.

Signé, DELAULNE, *Syndic.*

ACTEURS.

OEDIPE, Roy de Thebe.

JOCASTE, Reine de Thebe.

PHILOCTETE, Prince d'Eubée.

LE GRAND PRESTRE.

HIDASPE, Confident d'Oedipe.

EGINE, Confidente de Jocaste.

DIMAS, Ami de Philoctete.

PHORBAS, Vieillard Thebain.

ICARE, Vieillard de Corinthe.

CHOEUR de Thebains.

La Scene est à Thebe.

OEDIPE,

ŒDIPE,
TRAGEDIE.

ACTE PREMIER.

SCENE PREMIERE.
PHILOCTETE, DIMAS.

DIMAS.

PHILOCTETE, est-ce vous ? quel coup affreux du sort,
Dans ces lieux empestés vous fait chercher la mort ?
Venés vous de nos Dieux affronter la colere ?
Nul mortel n'ose ici mettre un pied temeraire ;
Ces climats sont remplis du celeste couroux,
Et la mort dévorante habite parmi nous.

A

OEDIPE,

Thébe depuis long-tems aux horreurs consacrée
Du reste des vivans semble être separée :
Retournés...

PHILOCTETE.

Ce séjour convient aux malheureux.
Va, laisse moi le soin de mes destins affreux,
Et dis-moi si des Dieux la colere inhumaine
A respecté du moins les jours de votre Reine.

DIMAS.

Oui, Seigneur, elle vit : mais la contagion
Jusqu'aux pieds de son trône aporte son poison.
Chaque instant lui dérobe un serviteur fidelle ;
Et la mort par degrés semble s'aprocher d'elle.
On dit qu'enfin le Ciel aprés tant de couroux,
Va retirer son bras apesanti sur nous.
Tant de sang, tant de morts ont dû le satisfaire.

PHILOCTETE.

Eh ! quel crime a produit un couroux si severe ?

DIMAS.

Depuis la mort du Roi...

PHILOCTETE.

Qu'entens-je ? quoi Laïus !

DIMAS.

Seigneur... depuis quatre ans, ce héros ne vit plus

PHILOCTETE.

Il ne vit plus ! quel mot a frapé mon oreille ?

TRAGÉDIE,

Quel espoir séduisant dans mon cœur se réveille?
Quoi Jocaste! les Dieux me seroient-ils plus doux?
Quoi, Philoctete enfin pouroit-il être à vous?
Il ne vit plus!... quel sort à terminé sa vie?
DIMAS.
Quatre ans sont écoulés, depuis qu'en Beotie,
Pour la derniere fois le sort guida vos pas.
A peine vous quittiés le sein de nos Etats,
A peine vous preniés le chemin de l'Asie;
Lorsque d'un coup perfide, une main ennemie,
Ravit à ses sujets ce Prince infortuné.
PHILOCTETE.
Quoi, Dimas, votre maitre est mort, assassiné?
DIMAS.
Ce fut de nos malheurs la premiere origine.
Ce crime a dé l'Empire entrainé la ruine.
Du bruit de son trépas mortellement frapés,
A répandre des pleurs nous étions occupés;
Quand du couroux des Dieux ministre épouventa-
   ble,
Funeste à l'innocent, sans punir le coupable,
Un monstre (Loin de nous que faisiés-vous alors?)
Un monstre furieux vint ravager ces bords.
Le Ciel industrieux dans sa triste vengeance
Avoit à le former épuisé sa puissance.
Né parmi des rochers au pied du Cithéron
Ce monstre à voix humaine, aigle, femme & lion,

A ij

OEDIPE,

De la nature entiere execrable assemblage,
Unissoit contre nous l'artifice à la rage.
Il n'étoit qu'un moyen d'en preserver ces lieux ;
   D'un sens embarassé dans des mots captieux,
Le monstre chaque jour dans Thebe épouvantée
Proposoit une énigme avec art concertée ;
Et si quelque mortel vouloit nous secourir,
Il devoit voir le monstre & l'entendre ou perir.
A cette loi terrible il nous falut souscrire ;
D'une commune voix Thebe offrit son Empire
A l'heureux interprete inspiré par les Dieux,
Qui nous devoileroit ce sens misterieux.
Nos sages, nos vieillards, séduits par l'esperance,
Oserent sur la foi d'une vaine science,
Du monstre impenetrable affronter le couroux ;
Nul d'eux ne l'entendit, ils expirerent tous,
Mais Oedipe heritier du septre de Corinthe,
Jeune & dans l'âge heureux qui méconoit la crain-
   te,
Guidé par la fortune en ces lieux pleins d'effroi
Vint, vit ce monstre affreux, l'entendit, & fut Roi.
Il vit, il regne encor. Mais sa triste puissance
Ne voit que des mourans sous son obeïssance.
Helas ! nous nous flations que ses heureuses mains
Pour jamais à son trône enchainoient les destins.
Déja même les Dieux nous sembloient plus faciles,
Le monstre en expirant laissoit ces murs tranquiles

TRAGEDIE.

Mais la sterilité sur ce funeste bord,
Bientôt avec la faim nous raporta la mort,
Les Dieux nous ont conduit de suplice en suplice,
La famine a cessé, mais non leur injustice,
Et la contagion dépeuplant nos Etats
Poursuit un foible reste échapé du trépas,
Tel est l'état horrible, où les Dieux nous reduisent;
Mais vous, heureux guerrier, que ces Dieux favorisent,
Qui du sein de la gloire a pû vous arracher ?
Dans ce séjour affreux que venés-vous chercher ?

PHILOCTETE.

Mon trouble dit assés le sujet qui m'amene.
Tu vois un malheureux que sa foiblesse entraine ;
De ces lieux autrefois par l'amour exilé,
Et par ce même amour aujourd'hui rapelé.

DIMAS.

Vous, Seigneur, vous pouriés dans l'ardeur qui vous brûle
Pour chercher une femme abandonner Hercule ?

PHILOCTETE.

Hercule est mort ami, ces malheureuses mains
Ont mis sur le bucher le plus grand des humains.
Je raporte en ces lieux ces fleches invincibles
Du fils de Jupiter presens chers & terribles.
Je raporte sa cendre, & viens à ce heros

Attendant des autels élever des tombeaux.
Sa mort de mon trépas devoit être suivie;
Mais vous sçavés, grands Dieux, pour qui j'aimé
    la vie.
  Dimas, à cet amour si constant, si parfait,
Tu vois trop que Jocasté en doit être l'objet.
Jocasté par un pere à son himen forcée,
Au trône de Laïus à regret fut placée:
L'amour nous unissoit, & cet amour si doux
Etoit né dans l'enfance, & croissoit avec nous.
Tu sçais combien alors mes fureurs éclaterent,
Combien contre Laïus mes plaintes s'emporterent;
Tous l'Etat ignorant mes sentimens jaloux,
Du nom de politique honoroit mon couroux.
Helas ! de cet amour acru dans le silence
Je t'épargnois alors la triste confidence,
Mon cœur qui languissoit, de molesse abatu
Redoutoit tes conseils, & craignoit ta vertu.
Je crus que loin des bords où Jocasté respire
Ma raison sur mes sens reprendroit son empire;
Tu le sçais, je partis de ce funeste lieu,
Et je dis à Jocasté un éternel adieu.
  Cependant l'univers tremblant au nom d'Alcide
Attendoit son destin de sa valeur rapide;
A ses divins travaux j'osai m'associer,
Je marchai prés de lui ceint du même lauriers

TRAGEDIE.

Mais parmi les dangers, dans le sein de la guerre,
Je portois ma foiblesse aux deux bouts de la terre,
Le tems qui détruit tout, augmentoit mon amour,
Et des lieux fortunés où commence le jour,
Jusqu'aux climats glacés, où la nature expire,
Je trainois avec moi le trait qui me déchire.
Enfin je viens dans Thebe, & je puis de mon feu
Sans rougir aujourd'hui, te faire un libre aveu.
Par dix ans de travaux utiles à la Grece,
J'ai bien acquis le droit d'avoir une foiblesse;
Et cent tirans punis, cent monstres terrassés,
Suffisent à ma gloire, & m'excusent assés.

DIMAS.

Quel fruit esperés-vous d'un amour si funeste ?
Venés-vous de l'Etat embraser ce qui reste?
Ravirés-vous Jocaste à son nouvel époux ?

PHILOCTETE.

Son époux, juste Ciel! ah que que me dites-vous
Jocaste!..il se pouroit qu'un second himenée...

DIMAS.

Oedipe à cette Reine a joint sa destinée...
De ses heureux travaux c'étoit le plus doux prix.

PHILOCTETE.

O dangereux appas que j'avois trop cheri !
O trop heureux Oedipe !

OEDIPE,
DIMAS.

Il va bien-tôt paroître,
Tout ce peuple à longs flots conduit par le grand
    Prêtre,
Vient du Ciel irrités conjurer les rigueurs.
            PHILOCTETE.
Sortons & s'il se peut n'imitons point leurs pleurs.

SCENE II.

LE GRAND PRESTRE, LE CHOEUR.

La porte du Temple s'ouvre, & le grand Prêtre paroît au milieu du peuple.

I. PERSONNAGE DU CHOEUR.

Esprits contagieux, tirans de cet Empire,
  Qui souflés dans ces murs la mort qu'on y
    respire,
Redoublés contre nous votre lente fureur,
Et d'un trépas trop long épargnés-nous l'horreur.
            SECOND PERSONNAGE.
Frapés Dieux tout puissans, vos victimes sont prêtes:
O monts écrafés-nous, cieux tombés fur nos têtes,
O mort nous implorons ton funeste secours,
O mort viens nous sauver, viens terminer nos jours.
            LE GRAND PRESTRE.
Cessés, & retenés ces clameurs lamentables,
                                        Foible

TRAGEDIE.

Foible soulagement aux maux des miserables ;
Fléchissons sous un Dieu qui veut nous éprouver,
Qui d'un mot peut nous perdre, & d'un mot nous
 sauver :
Il sçait que dans ces murs la mort nous environne
Et les cris des Thebans sont montés vers son trône.
Le Roi vient, par ma voix, le Ciel va lui parler :
Les destins à ses yeux veulent se dévoiler,
Les tems sont arrivés, cette grande journée
Va du peuple & du Roi changer la destinée.

SCENE III.

OEDIPE, JOCASTE, LE GRAND
PRESTRE, EGINE, DIMAS,
HIDASPE, LE CHOEUR.

OEDIPE.

Peuples qui dans ce temple aportant vos dou-
 leurs,
Presentés à nos Dieux des offrandes de pleurs ;
Que ne puis-je sur moi détournant leurs vangeances
De la mort qui vous suit étouffer les semences !
Mais un Roi n'est qu'un homme en ce commun
 danger,
Et tout ce qu'il peut faire est de le partager.

B

au grand Prêtre.
Vous, Miniftre des Dieux que dans Thebe on adore,
Dedaignent-ils toûjours la voix qui les implore?
Verront-ils fans pitié finir nos triftes jours?
Ces maîtres des humains font-ils muets & fourds?

LE GRAND PRESTRE.

Roi, peuple, écoutés-moi... cette nuit à ma vûë
Du ciel fur nos autels la flamme eft defcenduë,
L'ombre du grand Laïus a paru parmi nous,
Terrible & refpirant la haine & le couroux.
Une effrayante voix s'eft fait alors entendre:
» Les Thebains de Laïus n'ont point vangé la cendre,
» Le meurtrier du Roi refpire en ces Etats,
» Et de fon fouffle impur infecte vos climats.
„ Reconnoiffés ce monftre, & lui faites juftice,
„ Peuples, votre falut dépend de fon fuplice.

OEDIPE.

Thebains, je l'avoürai, vous fouffrés juftement
D'un crime inexcufable un rude châtiment;
Laïus vous étoit cher, & votre negligence
De fes mânes facrés a trahi la vengeance.
Tel eft fouvent le fort des plus juftes des Rois,
Tant qu'ils font fur la terre on refpecte leurs loix;

On porte jusqu'aux cieux leur justice suprême,
Adorés de leur peuple, s'ils sont des Dieux eux-mê-
 me :
Mais aprés leur trépas, que sont-ils à vos yeux ?
Vous éteignés l'encens que vous brûliés pour eux,
Et comme à l'interêt l'ame humaine est liée,
La vertu qui n'est plus est bientôt oubliée.
Ainsi du Ciel vangeur implorant le couroux,
Le sang de votre Roi s'éleve contre vous.
Apaisons son murmure, & qu'au lieu d'hecatombe,
Le sang du meurtrier soit versé sur sa tombe.
A chercher le coupable apliquons tous nos soins.
Quoi, de la mort du Roi n'a-t-on point de témoins ?
Et n'a-t-on jamais pû parmi tant de prodiges
De ce crime impuni retrouver les vestiges ?
On m'avoit toûjours dit que ce fut un Thebain
Qui leva sur son Prince une coupable main.
 à Jocaste.
Pour moi qui de vos mains reçevant sa couronne
Deux ans aprés sa mort ai monté sur son trône,
Madame, jusqu'ici respectant vos douleurs,
Je n'ai point rapelé le sujet de vos pleurs ;
Et de vos seuls perils chaque jour allarmée,
Mon ame à d'autre soins sembloit être fermée.
       JOCASTE.
Seigneur, quand le destin me reservant à vous,

Par un coup imprévû m'enleva mon époux,
Lorsque de ses Etats parcourant les frontieres,
Ce heros succomba sous des mains meurtrieres,
Phorbas en ce voyage étoit seul avec lui ;
Phorbas étoit du Roi le conseil & l'apui.
Laïus qui connoissoit son zele & sa prudence,
Partageoit avec lui le poids de sa puissance :
Ce fut lui qui du Prince à ses yeux massacré
Raporta dans nos murs le corps défiguré ;
Percé de coups lui-même il se traînoit à peine,
Il tomba tout sanglant aux genoux de sa Reine.
,, Des inconnus, dit-il, ont porté ces grands coups,
,, Ils ont devant mes yeux massacré vôtre époux ;
,, Ils m'ont laissé mourant, & le pouvoir celeste
,, De mes jours malheureux a ranimé le reste.
Il ne m'en dit pas plus, & mon cœur agité
Voyoit fuir loin de lui la triste verité :
Et peut-être le Ciel que ce grand crime irrite,
Déroba le coupable à ma juste poursuite :
Peut-être accomplissant ses decrets éternels,
Afin de nous punir, il nous fit criminels.
Le sphinx bientôt aprés désola cette rive,
A ses seules fureurs Thebe fut attentive,
Et l'on ne pouvoit guere en un pareil effroi
Vanger la mort d'autrui quand on trembloit pour
  soi.

TRAGEDIE.

OEDIPE.

Madame, qu'a-t-on fait de ce sujet fidele ?

JOCASTE.

Seigneur, on paya mal son service & son zele,
Tout l'Empire en secret étoit son ennemi ;
Il étoit trop puissant pour n'être point haï ;
Et du peuple & des grands la colere incensée
Brûloit de le punir de sa faveur passée.
On l'accusa lui-même & d'un commun transport
Thebe entiere à grands cris me demanda sa mort ;
Et moi de tous côtés redoutant l'injustice,
Je tremblois d'ordonner sa grace, ou son suplice.
Dans un château voisin conduit secretement
Je dérobai sa tête à leur emportement ;
Là depuis quatre hivers ce vieillard venerable
(De la faveur des Rois exemple déplorable)
Sans se plaindre de moi, ni du peuple irrité,
De sa seule innocence attend sa liberté.

OEDIPE.
à sa suite.

Madame, c'est assés. Courés, que l'on s'empresse,
Qu'on ouvre sa prison, qu'il vienne, qu'il paroisse.
Moi-même devant vous je veux l'interroger ;
J'ai tout mon peuple ensemble & Laïus à vanger :
Il faut tout écouter, il faut d'un œil severe
Sonder la profondeur de ce triste mistere.

Et vous, Dieux des Thebains, Dieux qui nous exaucés,
Puniſſés l'aſſaſſin ; vous qui le connoiſſés.
Soleil, cache à ſes yeux le jour qui nous éclaire ;
Qu'en horreur à ſes fils, execrable à ſa mere,
Errant, abandonné, proſcrit dans l'univers,
Il raſſemble ſur lui tous les maux des enfers,
Et que ſon corps ſanglant privé de ſépulture,
Des vautours dévorans devienne la pâture.

LE GRAND PRESTRE.

A ces ſermens affreux nous nous uniſſons tous.

OEDIPE.

Dieux, que le crime ſeul éprouve enfin vos coups;
Ou ſi de vos decrets l'éternelle juſtice
Abandonne à mon bras le ſoin de ſon ſuplice,
Et ſi vous êtes las enfin de nous haïr,
Donnés en commandant le pouvoir d'obeïr,
Si ſur un inconnu vous pourſuivés un crime?
Achevés votre ouvrage, & nommés la victime
Vous, retournés au temple, allés, que votre voix
Interroge ces Dieux une ſeconde fois :
Que vos vœux parmi nous les forcent à deſcendre;
S'ils ont aimé Laïus, ils vangeront ſa cendre,
Et conduiſant un Roi, facile à ſe tromper,
Ils marqueront la place où mon bras doit fraper.

Fin du premier Acte.

ACTE II.

SCENE PREMIERE.

JOCASTE, EGINE, HIDASPE,
LE CHOEUR.

HIDASPE.

Oui ce peuple expirant dont je suis l'inter-
prete,
D'une commune voix accuse Philoctete,
Madame, & les destins dans ce triste séjour
Pour nous sauver sans doute ont permis son retour.

JOCASTE.

Qu'ai-je entendu, grands Dieux !

EGINE.

Ma surprise est extrême....

JOCASTE.

Qui lui ! qui Philoctete ?

HIDASPE.

Oui, Madame, lui-même.
A quel autre en effet pouroient-ils imputer
Un meurtre qu'à nos yeux il sembla mediter ?

Il haïssoit Laïus, on le sçait, & sa haine
Aux yeux de vôtre époux ne se cachoit qu'à peine.
La jeunesse imprudente aisément se trahit;
Son front mal déguisé découvroit son dépit.
J'ignore quel sujet animoit sa colere :
Mais au seul nom du Roi, trop promt, & trop sincere,
Esclave d'un couroux qu'il ne pouvoit dompter,
Jusques à la menace il osoit s'emporter.
Il partit, & depuis sa destinée errante
Ramena sur nos bords sa fortune flotante :
Même il étoit dans Thebe en ces tems malheureux
Que le Ciel a marqués d'un parricide affreux.
Depuis ce jour fatal avec quelque apparence
De nos peuples sur lui tomba la défiance.
Que dis-je ? assés long-tems les soupçons des Thebains
Entre Phorbas & lui floterent incertains :
Cependant ce grand nom qu'il s'acquit dans la guerre,
Ce titre si fameux de vangeur de la terre,
Ce respect qu'aux heros nous portons malgré nous,
Fit taire nos soupçons, & suspendit nos coups.
Mais les tems sont changés, Thebe en ce jour funeste
D'un respect dangereux a dépoüillé le reste.
Ce peuple épouvanté ne connoît plus de frein,
Et

TRAGEDIE.

Et quand le Ciel lui parle il n'écoute plus rien.
JOCASTE.
Sortez.

✳✳✳✳✳✳✳✳✳✳✳✳✳✳✳✳✳✳✳✳✳✳✳✳✳✳✳

SCENE II.

JOCASTE, EGINE.
EGINE.

Que je vous plains !
JOCASTE.
Helas ! je porte envie
A ceux qui dans ces murs ont terminé leur vie.
Quel état, quel tourment pour un cœur vertueux !
EGINE.
Il n'en faut point douter, votre sort est affreux.
Ces peuples qu'un faux zele aveuglément anime,
Vont bientôt à grands cris demander leur victime.
Je n'ose l'accuser : mais quelle horreur pour vous,
Si vous trouvés en lui l'assassin d'un époux ?
JOCASTE.
Lui ! qu'un assassinat ait pû souiller son ame !
Des lâches scelerats c'est le partage infame.
Il ne manquoit, Egine, au comble de mes maux,
Que d'entendre d'un crime accuser ce heros,

C

Aprens que ces soupçons irritent ma colere,
Et qu'il est vertueux puis qu'il m'avoit sçû plaire.
EGINE.
Cet amour si constant...
JOCASTE.
Ne crois pas que mon cœur
De cet amour funeste ait pû nourir l'ardeur.
Je l'ai trop combatu... cependant, chere Egine,
Quoi que fasse un grand cœur où la vertu domine,
On ne se cache point ces secrets mouvemens,
De la nature en nous indomptables enfans :
Dans les replis de l'ame ils viennent nous sur-
 prendre ;
Ces feux qu'on croit éteints renaissent de leur cen-
 dre,
Et la vertu severe en de si durs combats,
Resiste aux passions, & ne les détruit pas.
EGINE.
Votre douleur est juste autant que vertueuse,
Et de tels sentimens...
JOCASTE.
Que je suis malheureuse !
Tu connois, chere Egine, & mon cœur & mes maux;
J'ai deux fois de l'himen allumé les flambeaux,
Deux fois de mon destin subissant l'injustice,
J'ai changé d'esclavage, ou plûtôt de suplice ;
Et le seul des mortels dont mon cœur fut touché,

TRAGEDIE

A mes vœux pour jamais devoit être arraché.
Pardonnés-moy, grands Dieux, ce souvenir funeste,
D'un feu que j'ai dompté c'est le malheureux reste,
Egine, tu nous vis l'un de l'autre charmés,
Tu vis nos nœuds rompus aussitôt que formés.
Mon Souverain m'aima, m'obtint malgré moi-
   même ;
Mon front chargé d'ennuis fut ceint du diadême,
Il falut oublier dans ses embrassemens
Et mes premiers amours, & mes premiers sermens.
Tu sçais qu'à mon devoir toute entiere attachée,
J'étouffai de mes sens la revolte cachée,
Et déguisant mon trouble & dévorant mes pleurs
Je n'osois à moi-même avoüer mes douleurs.

EGINE.

Comment donc pouviés-vous du joug de l'himenée
Une seconde fois tenter la destinée ?

JOCASTE.

Helas !

EGINE.

M'est-il permis de ne vous rien cacher ?

JOCASTE.

Parle.

EGINE.

Oedipe, Madame, a parû vous toucher ;
Et votre cœur du moins sans trop de resistance,

OEDIPE,
De vos États sauvés donna la recompense.
JOCASTE.
Ah grands Dieux !
EGINE.
Etoit-il plus heureux que Laïus ?
Ou Philoctete absent ne vous touchoit-il plus ?
Entre ces deux heros étiés-vous partagée ?
JOCASTE.
Par un monstre cruel Thebe alors ravagée
A son liberateur avoit promis ma foi,
Et le vainqueur du sphinx étoit digne de moi.
EGINE.
Vous l'aimiés ?
JOCASTE.
Je sentis pour lui quelque tendresse,
Mais que ce sentiment fut loin de la foiblesse !
Ce n'étoit point, Egine, un feu tumultueux,
De mes sens enchantés enfant impetueux.
Je ne reconnus point cette brûlante flamme
Que le seul Philoctete a fait naître en mon ame;
Et qui sur mon esprit répandant son poison,
De son charme fatal a séduit ma raison.
Je sentois pour Oedipe une amitié severe.
Oedipe est vertueux, sa vertu m'étoit chere ;
Mon cœur avec plaisir le voyoit élevé
Au trône des Thebains qu'il avoit conservé.

TRAGEDIE.

Mais enfin sur ses pas aux autels entraînée,
Egine, je sentis dans mon ame étonnée
Des transports inconnus que je ne conçus pas :
Avec horreur enfin je me vis dans ses bras,
Cet himen fut conclu sous un horrible augure.
Egine, je voyois dans une nuit obscure,
Prés d'Oedipe & de moi je voyois des enfers
Les gouffres éternels à mes pieds entr'ouverts ;
De mon premier époux l'ombre pâle & sanglante
Dans cet abîme affreux paroissoit menaçante ;
Il me montroit mon fils, ce fils qui dans mon flanc
Avoit été formé de son malheureux sang ;
Ce fils dont ma pieuse & barbare injustice
Avoit fait à nos Dieux un secret sacrifice.
De les suivre tous deux ils sembloient m'ordonner ;
Tous deux dans le Tartare ils sembloient m'en-
    traîner.
De sentimens confus mon ame possedée
Se presentoit toûjours cette effroyable idée ;
Et Philoctete encor trop present dans mon cœur,
De ce trouble fatal augmentoit la terreur.

EGINE.
J'entens du bruit, on vient, je le voi qui s'avance.

JOCASTE.
C'est lui-même ; je tremble ; évitons sa presence.

SCENE III.

JOCASTE, PHILOCTETE.

PHILOCTETE.

NE fuyés point, Madame, & cessés de trembler ;
Osés me voir, osés m'entendre & me parler.
Ne craignés point ici que mes jalouses larmes
De votre himen heureux troublent les nouveaux charmes.
N'attendés point de moi de reproches honteux,
Ni de lâches soupirs indignes de tous deux :
Je ne vous tiendrai point de ces discours vulgaires
Que dicte la molesse aux amans ordinaires ;
Un cœur qui vous cherit, & (s'il faut dire plus,
S'il vous souvient des nœuds que vous avés rompus)
Un cœur pour qui le vôtre avoit quelque tendresse,
N'a point apris de vous à montrer de foiblesse.

JOCASTE.

De pareils sentimens n'apartenoient qu'à nous ;
J'en dois donner l'exemple, ou le prendre de vous,
Si Jocaste avec vous n'a pû se voir unie,
Il est juste avant tout que je m'en justifie.
Je vous aimois Seigneur ; une suprême loi

Toûjours malgré moi-même a difposé de moi,
Et du fphinx & des Dieux la fureur trop connuë.
Sans doute à votre oreille eft déja parvenuë.
Vous fçavés quels fléaux ont éclaté fur nous,
Et qu'Oedipe...

PHILOCTETE.

Je fçai qu'Oedipe eft votre époux:
Je fçai qu'il en eft digne; & malgré fa jeuneffe,
L'Empire des Thebains fauvé par fa fageffe,
Ses exploits, fes vertus, & fur tout votre choix
Ont mis cet heureux Prince au rang des plus grands
  Rois.
Ah! pourquoi la fortune à me nuire conftante,
Emportoit-elle ailleurs ma valeur imprudente?
Si le vainqueur du fphinx devoit vous conquerir,
Faloit-il loin de vous ne chercher qu'à perir?
Je n'aurois point percé les tenebres frivoles
D'un vain fens déguifé fous d'obfcures paroles.
Ce bras que votre afpect eût encore animé,
A vaincre avec le fer étoit accoûtumé.
Du monftre à vos genoux j'euffe aporté la tête...
D'un autre cependant Jocafte eft la conquête;
Un autre a pû joüir de cet excés d'honneur!....

JOCASTE.

Vous ne connoiffés pas quel eft votre malheur.

PHILOCTETE.
Je vous perds pour jamais, qu'aurois-je à craindre
 encore ?
JOCASTE.
Vous êtes dans des lieux qu'un Dieu vangeur ab-
hore.
Un feu contagieux annonce son couroux,
Et le sang de Laïus est retombé sur nous :
Du Ciel qui nous poursuit la justice outragée
Vange ainsi de ce Roi la cendre negligée ;
On doit sur nos autels immoler l'assassin,
On le cherche, on vous nomme, on vous accuse
 enfin.
PHILOCTETE.
Madame, je me tais, une pareille offence
Etoffe mon courage, & me force au silence.
Qui moi de tels forfaits ! moi des assassinats !
Et que de votre époux... vous ne le croyés pas.
JOCASTE.
Non je ne le croi point, & c'est vous faire injure,
Que daigner un moment combattre l'imposture.
Votre cœur m'est connu, vous avez eu ma foi,
Et vous ne pouvés point être indigne de moi.
Oubliés ces Thebains que les Dieux abandonnent ;
Trop dignes de perir depuis qu'ils vous soupçon-
 nent ;
           Et

Et si jamais enfin je fus chere à vos yeux,
Si vous m'aimés encore, abandonnés ces lieux,
Pour la derniere fois renoncés à ma vûë.

PHILOCTETE.

Jocaste ! pour jamais je vous ai donc perduë ?

JOCASTE.

Oui, Prince, c'en est fait, nous nous aimions en vain,
Les Dieux vous reservoient un plus noble destin ;
Vous étiés né pour eux ; leur sagesse profonde
N'a pû fixer dans Thebe un bras utile au monde,
Ni souffrir que l'amour remplissant ce grand cœur,
Enchaînât prés de moi votre obscure valeur.
Non d'un lien charmant le soin tendre & timide
Ne dut point occuper le successeur d'Alcide ;
Ce n'est qu'aux malheureux que vous dévés vos
  soins.
De toutes vos vertus comptable à leurs besoins,
Déja de tous côtés les tyrans reparoissent,
Hercule est sous la tombe, & les monstres renaissent.
Allés, libre des feux dont vous fûtes épris,
Partés, rendés Hercule à l'univers surpris.
 Seigneur, mon époux vient, souffrés que je vous
  laisse ;
Non que mon cœur troublé redoute sa foiblesse :
Mais j'aurois trop peut-être à rougir devant vous,
Puisque je vous aimois, & qu'il est mon époux.

D

SCENE IV.

OEDIPE, PHILOCTETE, HIDASPE.

OEDIPE.

Hidaspe, c'est donc là le Prince Philoctete?

PHILOCTETE.

Oui, c'est lui qu'en ces mars un sort aveugle jette,
Et que le Ciel encore à sa perte animé
A souffrir des affronts n'a point accoûtumé.
Je sçai de quels forfaits on veut noircir ma vie,
Seigneur, n'attendés pas que je m'en justifie ;
J'ai pour vous trop d'estime, & je ne pense pas
Que vous puissiés descendre à des soupçons si bas.
Si sur les mêmes pas nous marchons l'un & l'autre,
Ma gloire d'assés prés est unie à la vôtre.
Thesée, Hercule & moy, nous vous avons montré
Le chemin de la gloire où vous êtes entré ;
Ne deshonorés point par une calomnie
La splendeur de ces noms où votre nom s'allie,
Et merités enfin par un trait genereux
L'honneur que je vous fais de vous mettre auprés
   d'eux.

TRAGEDIE.

OEDIPE.

Eſtre utile aux mortels, & ſauver cet Empire,
Voila, Seigneur, voila l'honneur ſeul où j'aſpire,
Et ce que m'ont apris en ces extremités
Les heros que j'admire, & que vous imités.
Certes je ne veux point vous imputer un crime ;
Si le Ciel m'eût laiſſé le choix de la victime,
Je n'aurois immolé de victime que moi.
Mourir pour ſon pays, c'eſt le devoir d'un Roi ;
C'eſt un honneur trop grand pour le ceder à d'au-
　　tres ;
J'aurois tranché mes jours, & défendu les vôtres ;
J'aurois ſauvé mon peuple une ſeconde fois.
Mais, Seigneur, je n'ai point la liberté du choix ;
C'eſt un ſang criminel que nous devons répandre ;
Vous êtes accuſé, ſongés à vous défendre ;
Paroiſſés innocent, il me ſera bien doux
D'honorer dans ma Cour un heros tel que vous,
Et je me tiens heureux, s'il faut que je vous traite,
Non comme un accuſé, mais comme Philoctete.

PHILOCTETE.

Je veux bien l'avoüer, ſur la foi de mon nom
J'avois oſé me croire au-deſſus du ſoupçon.
Cette main qu'on accuſe, au défaus du tonnerre,
D'infâmes aſſaſſins a délivré la terre ;
Hercule à les dompter avoit inſtruit mon bras,

Seigneur, qui les punit, ne les imite pas.

OEDIPE.

Ah je ne pense point qu'aux exploits consacrées
Vos mains par des forfaits se soient deshonorées,
Seigneur, & si Laïus est tombé sous vos coups,
Sans doute avec honneur il expira sous vous.
Vous ne l'avés vaincu qu'en guerrier magnanime,
Je vous rends trop justice.

PHILOCTETE.

      Eh ! quel seroit mon crime ?
Si ce fer chés les morts eût fait tomber Laïus,
Ce n'eût été pour moi qu'un triomple de plus.
Un Roi pour ses sujets est un Dieu qu'on revere ;
Pour Hercule & pour moi c'est un homme ordinaire.
J'ai défendu des Rois, & vous devés songer
Que j'ai pû les combattre, ayant pû les vanger.

OEDIPE.

Je connois Philoctete à ces illustres marques ;
Des guerriers comme vous sont égaux aux Monarques.
Je le sçai : cependant, Prince, n'en doutés pas,
Le vainqueur de Laïus est digne du trépas ;
Sa tête répondra des malheurs de l'Empire,
Et vous...

TRAGEDIE.
PHILOCTETE.

Ce n'est point moi, ce mot doit vous suffire ;
Seigneur, si c'étoit moi, j'en ferois vanité :
En vous parlant ainsi, je dois être écouté.
C'est aux hommes communs, aux ames ordinaires,
A se justifier par des moyens vulgaires.
Mais un Prince, un guerrier, un homme tel que moi,
Quand il a dit un mot, en est crû sur sa foi.
Du meurtre de Laïus Oedipe me soupçonne !
Ah ce n'est point à vous d'en accuser personne.
Son sceptre & son épouse ont passé dans vos bras,
C'est vous qui recueillés le fruit de son trépas.
Et je n'ai point, Seigneur, au tems de sa disgrace
Disputé sa dépouille & demandé sa place.
Le trône est un objet qui ne peut me tenter.
Hercule à ce haut rang dédaignoit de monter.
Toûjours libre avec lui sans sujets & sans maître
J'ai fait des Souverains & n'ai point voulu l'être.
Mais enfin à vos yeux c'est trop m'humilier ;
La vertu s'avilit à se justifier.

OEDIPE.

Cessons un entretien qui tous deux nous offense.
On vous jugera, Prince, & si votre innocence
De l'équité des loix n'a rien à redouter,
Avec plus de splendeur elle en doit éclater.
Demeurés parmi nous...

OEDIPE,
PHILOCTETE.

J'y resterai sans doute,
Il y va de ma gloire, & ce Ciel qui m'écoute,
Ne me verra partir que vangé de l'affront
Dont vos soupçons honteux ont fait rougir mon
front.

SCENE V.
OEDIPE, HIDASPE.
OEDIPE.

JE l'avourai, j'ai peine à le croire coupable,
D'un cœur tel que le sien l'audace inébranlable
Ne sçait point s'abaisser à des déguisemens ;
Le mensonge n'a point de si hauts sentimens.
Je ne puis voir en lui cette bassesse infame.
Je te dirai bien plus, je rougissois dans l'ame
De me voir obligé d'accuser ce grand cœur,
Je me plaignois à moi de mon trop de rigueur,
Necessité cruelle, attachée à l'Empire !
Dans le cœur des humains les Rois ne peuvent lire;
Souvent sur l'innocence ils font tomber leurs coups,
Et nous sommes, Hidaspe, injustes malgré nous.
Mais que Phorbas est lent pour mon impatience !
C'est sur lui seul enfin que j'ai quelque esperance;

Car les Dieux irrités ne nous répondent plus,
Ils ont par leur silence expliqué leur refus.

HIDASPE.

Tandis que par vos soins vous pouvés tout apren-
    dre,
Quel besoin que le Ciel ici se fasse entendre ?
Ces Dieux dont le Pontife a promis le secours,
Dans leurs temples, Seigneur, n'habitent point toû-
    jours ;
On ne voit point leur bras si prodigue en miracles,
Ces antres, ces trépieds qui rendent leurs oracles,
Ces organes d'airain que nos mains ont formés,
Toûjours d'un soufle pur ne sont point animés.
Ne nous endormons point sur la foi de leurs Prêtres,
Au pied du sanctuaire il est souvent des traîtres,
Qui nous asservissant sous un pouvoir sacré,
Font parler les destins, les font taire à leur gré.
Voyés, examinés avec un soin extrême
Philoctete, Phorbas, & Jocaste elle-même.
Ne nous fions qu'à nous, voyons tout par nos yeux,
Ce sont là nos trépieds, nos oracles, nos Dieux.

OEDIPE.

Seroit-il dans le temple un cœur assés perfide ?
Non, si le Ciel enfin de nos destins decide,
On ne le verra point mettre en d'indignes mains
Le dépôt précieux du salut des Thebains.

Je vais, je vais moi-même, accufant leur filence,
Par mes vœux redoublés fléchir leur inclémence.
Toi, fi pour me fervir tu montres quelque ardeur,
De Phorbas que j'attens cours hâter la lenteur.
Dans l'état déplorable où tu vois que nous fommes,
Je veux interroger & les Dieux & les hommes.

ACTE III.

SCENE PREMIERE.
JOCASTE, EGINE.

JOCASTE.

OUi, j'attens Philoctete, & je veux qu'en
ces lieux
Pour la derniere fois il paroisse à mes yeux.

EGINE.

Madame, vous sçavés jusqu'à quelle insolence
Le peuple a de ses cris fait monter la licence.
Ces Thebains que la mort assiege à tout moment,
N'attendent leur salut que de son châtiment.
Vieillards, femmes, enfans, que leur malheur acable,
Tous sont interessés à le trouver coupable :
Vous entendés d'ici leurs cris seditieux,
Ils demandent son sang de la part de nos Dieux.
Pourés-vous resister à tant de violence?
Pourés-vous le servir & prendre sa défense?

JOCASTE.

Moy? si je la prendrai! dûssent tous les Thebains

Porter jusques sur moi leurs parricides mains ;
Sous ces murs tout fumans dûssai-je être écrasée,
Je ne trahirai point l'innocence accusée.
  Mais une juste crainte occupe mes esprits.
Mon cœur de ce heros fut autrefois épris ;
On le sçait, on dira que je lui sacrifie
Ma gloire, mon époux, mes Dieux & ma patrie,
Que mon cœur brûle encore...

EGINE.

Ah ! calmés cet effroi ;
Cet amour malheureux n'eut de témoin que moi,
Et jamais...

JOCASTE.

Que dis-tu ? crois-tu qu'une Princesse
Puisse jamais cacher sa haine ou sa tendresse ?
Des courtisans sur nous les inquiets regards
Avec avidité tombent de toutes parts ;
A travers les respects leurs trompeuses souplesses
Penetrent dans nos cœurs, & cherchent nos foi-
    blesses ;
A leur malignité rien n'échape & ne fuit,
Un seul mot, un soupir, un coup d'œil nous trahit ;
Tout parle contre nous jusqu'à notre silence,
Et quand leur artifice & leur perseverance
Ont enfin malgré nous arraché nos secrets,
Alors avec éclat leurs discours indiscrets

Portant sur notre vie une triste lumiere,
Vont de nos passions remplir la terre entiere.
EGINE.
Eh ! qu'avés-vous, Madame, à craindre de leurs
 coups ?
Quels regards si perçans sont dangereux pour vous?
Quel secret penetré peut flétrir votre gloire ?
Si l'on sçait votre amour, on sçait votre victoire,
On sçait que la vertu fut toûjours votre appui.
JOCASTE.
Et c'est cette vertu qui me trouble aujourd'hui.
Peut-être à m'accuser toûjours promte & severe,
Je porte sur moi-même un regard trop austere;
Peut-être je me juge avec trop de rigueur :
Mais enfin Philoctete a regné sur mon cœur.
Dans ce cœur malheureux son image est tracée,
Ma vertu ni le temps ne l'ont point effacée.
Que dis-je ? je ne sçai quand je sauve ses jours,
Si la seule équité m'apelle à son secours.
Ma pitié me paroît trop sensible & trop tendre,
Je sens trembler mon bras tout prêt à le défendre
Je me reproche enfin mes bontés & mes soins,
Je le servirois mieux si je l'eusse aimé moins.
EGINE.
Mais voulés-vous qu'il parte ?

OEDIPE,
JOCASTE.

Oüi je le veux sans doute ;
C'est ma seule esperance, & pour peu qu'il m'é-
  coute,
Pour peu que ma priere ait sur lui de pouvoir ;
Il faut qu'il se prepare à ne me plus revoir :
De ces funestes lieux qu'il s'écarte, qu'il fuye,
Qu'il sauve en s'éloignant & ma gloire & sa vie :
Mais qui peut l'arrêter ? il devroit être ici.
Chere Egine va, cours.

SCENE II.
JOCASTE, PHILOCTETE, EGINE.
JOCASTE.

AH ! Prince, vous voici
Dans le mortel effroi dont mon ame est émuë,
Je ne m'excuse point de chercher votre vûë ;
Mon devoir il est vrai m'ordonne de vous fuir ;
Je dois vous oublier, & non pas vous trahir ;
Je crois que vous sçavés le sort qu'on vous aprête.
PHILOCTETE.
Un vain peuple en tumulte a demandé ma tête ;
Du jour qui m'importune il veut me délivrer.

TRAGEDIE.
JOCASTE.

Ah de ce coup affreux songeons à nous parer !
Partés, de votre sort vous êtes encor maître :
Mais ce moment, Seigneur, est le dernier peut être
Où je puis vous sauver d'un indigne trépas.
Fuyés, & loin de moy precipitant vos pas,
Pour prix de votre vie heureusement sauvée,
Oubliés que c'est moi qui vous l'ai conservée.

PHILOCTETE.

Daignés montrer, Madame, à mon cœur agité
Moins de compassion, & plus de fermeté ;
Preferés comme moi mon honneur à ma vie,
Commandés que je meure, & non pas que je fuïe,
Et ne me forcés point, quand je suis innocent,
A devenir coupable en vous obeïssant.
Des biens que m'a ravis la colere celeste,
Ma gloire, mon honneur est le seul qui me reste ;
Ne m'ôtés pas ce bien, dont je suis si jaloux,
Et ne m'ordonnés pas d'être indigne de vous.
J'ai vêcu, j'ai rempli ma triste destinée,
Madame, à votre époux ma parole est donnée ;
Quelque indigne soupçon qu'il ait conçû de moi,
Je ne sçai point encor comme on manque de foi.

JOCASTE.

Seigneur, au nom des Dieux, au nom de cette flâme

Dont la trifte Jocafte avoit touché votre ame,
Si d'une fi parfaite & fi tendre amitié
Vous confervés encore un refte de pitié ;
Enfin s'il vous fouvient que promis l'un à l'autre,
Autrefois mon bonheur a dépendu du vôtre,
Daignés fauver des jours de gloire environnés,
Des jours à qui les miens ont été deftinés.

PHILOCTETE.

Non, la mort à mes maux eft l'unique remede.
J'ai vécu pour vous feule, un autre vous poffede ;
Je fuis affés content, & mon fort eft trop beau,
Si j'emporte en mourant votre eftime au tombeau.
Qui fçait même, qui fçait fi d'un regard propice
Le Ciel ne verra point ce fanglant facrifice ?
Qui fçait fi fa clemence au fein de vos Etats
Pour m'immoler à vous n'a point conduit mes pas?
Sans doute il me devoit cette grace infinie
De conferver vos jours aux dépens de ma vie.
Peut-être d'un fang pur il peut fe contenter,
Et le mien vaut du moins qu'il daigne l'accepter.

TRAGEDIE.

SCENE III.

OEDIPE, JOCASTE, PHILOCTETE,
EGINE, HIDASPE, Suite.

OEDIPE.

PRince, ne craignés point l'impetueux caprice
D'un peuple dont la voix presse votre suplice,
J'ai calmé son tumulte, & même contre lui
Je vous viens, s'il le faut, presenter mon apui.
On vous a soupçonné, le peuple a dû le faire.
Moi qui ne juge point ainsi que le vulgaire,
Je voudrois que perçant un nüage odieux,
Déja votre vertu brillât à tous les yeux :
Mon esprit incertain, que rien n'a pû resoudre,
N'ose vous condamner, mais ne peut vous absoudre.
C'est au Ciel que j'implore à me determiner.
Ce Ciel enfin s'apaise, & veut nous pardonner ;
Et bientôt retirant la main qui nous oprime,
Par la voix du grand Prêtre il nomme la victime,
Et je laisse à nos Dieux plus éclairés que nous,
Le soin de décider entre mon peuple & vous.

PHILOCTETE

Tout autre auroit, Seigneur, des graces à vous rendre :

Mais je suis Philoctete & veux bien vous apprendre
Que l'exacte équité dont vous suivés la loi,
Si c'est beaucoup pour vous, n'est point assés pour moi.
Je me suis vû reduit à l'affront de répondre
A de vils delateurs que j'ai trop sçû confondre.
Ah ! sans vous abaisser à cet indigne soin,
Seigneur, il suffisoit de moi seul pour témoin ;
C'étoit, c'étoit assés d'examiner ma vie :
Hercule apui des Dieux, & vainqueur de l'Asie,
Les monstres, les tirans qu'il m'aprit à domter,
Ce sont là les témoins qu'il me faut confronter.
De vos Dieux cependant interrogés l'organe ;
Nous aprendrons de lui si leur voix me condamne.
Je n'ai pas besoin d'eux, & j'attends leur arrêt,
Par pitié pour ce peuple, & non par interêt.

SCENE

TRAGEDIE.

SCENE IV.

OEDIPE, JOCASTE, LE GRAND PRESTRE, HIDASPE, PHILOCTETE, EGINE, Suite, LE CHOEUR.

OEDIPE.

EH bien les Dieux touchés des vœux qu'on leur adresse,
Suspendent-ils enfin leur fureur vangeresse ?
Quel main parricide a pû les offenser ?

PHILOCTETE.

Parlés, quel est le sang que nous devons verser ?

LE GRAND PRESTRE.

Fatal present du Ciel ! science malheureuse !
Qu'aux mortels curieux vous êtes dangereuse !
Plût aux cruels destins qui pour moy sont ouverts,
Que d'un voile éternel mes yeux fussent couverts!

PHILOCTETE.

Eh bien que venés-vous annoncer de sinistre ?

OEDIPE.

D'une haine éternelle êtes-vous le ministre ?

PHILOCTETE.

Ne craignés rien.

OEDIPE.
Les Dieux veulent-ils mon trépas ?
LE GRAND PRESTRE.
à Oedipe.

Ah ! si vous m'en croyés, ne m'interrogés pas.
OEDIPE.
Quel que soit le destin que le Ciel nous annonce,
Le salut des Thebains dépend de sa réponse.
PHILOCTETE.
Parlés.
OEDIPE.

Ayés pitié de tant de malheureux ;
Songés qu'Oedipe...
LE GRAND PRESTRE.

Oedipe est plus à plaindre qu'eux.
I. PERSONNAGE DU CHOEUR.
Oedipe a pour son peuple une amour paternelle,
Nous joignons à sa voix notre plainte éternelle ;
Vous à qui le Ciel parle, entendés nos clameurs
II. PERSONNAGE DU CHOEUR.
Nous mourons, sauvés-nous, détournés ses fureurs,
Nommés cet assassin, ce monstre, ce perfide.
I. PERSONNAGE DU CHOEUR.
Nos bras vont dans son sang laver son parricide.

TRAGEDIE.

LE GRAND PRESTRE.

Peuples infortunés, que me demandés vous ?

I. PERSONNAGE DU CHOEUR.

Dites un mot, il meurt, & vous nous sauvés tous.

LE GRAND PRESTRE.

Quand vous serés instruits du destin qui l'accable,
Vous fremirés d'horreur au seul nom du coupable.
Le Dieu qui par ma voix vous parle en ce moment,
Commande que l'exil soit son seul châtiment :
Mais bientôt éprouvant un desespoir funeste,
Ses mains ajoûteront à la rigueur celeste,
De son suplice affreux vos yeux seront surpris,
Et vous croirés vos jours trop payés à ce prix.

OEDIPE.

Obéissés.

PHILOCTETE.

Parlés.

OEDIPE.

C'est trop de resistance.

LE GRAND PRESTRE,
à Oedipe.

C'est vous qui me forcés à rompre le silence.

OEDIPE.

Que ces retardemens allument mon couroux !

F ij

OEDIPE,
LE GRAND PRESTRE.
Vous le voulez... eh bien... c'est...
OEDIPE.
Acheve ; qui ?
LE GRAND PRESTRE.
à Oedipe.
Vous.
OEDIPE.
Moi ?
LE GRAND PRESTRE.
Vous, malheureux Prince.
II. PERSONNAGE DU CHOEUR.
Ah ! que viens-je d'entendre ?
JOCASTE.
Interprete des Dieux, qu'osés-vous nous aprendre?
à Oedipe.
Quoi vous de mon époux vous feriés l'assassin ?
Vous à qui j'ai donné sa couronne & ma main ?
Non, Seigneur, non, des Dieux l'oracle nous abuse,
Votre vertu dément la voix qui vous accuse.

I. PERSONNAGE DU CHOEUR.
O Ciel, dont le pouvoir preside à nôtre sort,
Nommés une autre tête, ou rendés-nous la mort.
PHILOCTETE.
N'attendés point, Seigneur, outrage pour outrage,

Je ne tirerai point un indigne avantage ;
Du revers inoüi qui vous preſſe à mes yeux
Je vous crois innocent malgré la voix des Dieux.
Je vous rends la juſtice enfin qui vous eſt dûë,
Et que ce peuple & vous ne m'avés point renduë.
J'abandonne à jamais ces lieux remplis d'effroi,
Les chemins de la gloire y font fermés pour moi.
Sur les pas du heros dont je garde la cendre,
Cherchons des malheureux que je puiſſe défendre.
Il ſort.

OEDIPE.

Non, je ne reviens point de mon ſaiſiſſement,
Et ma rage eſt égale à mon étonnement.
Voila donc des autels quel eſt le privilege,
Impoſteur ; ainſi donc ta bouche ſacrilege,
Pour accuſer ton Roi d'un forfait odieux,
Abuſe inſolemment du commerce des Dieux.
Tu crois que mon couroux doit reſpecter encore
Le miniſtere ſaint que ta main deshonore.
Traître, aux pieds des autels il faudroit t'immoler,
A l'aſpect de tes Dieux que ta voix fait parler.

LE GRAND PRESTRE.

Ma vie eſt en vos mains, vous en êtes le maître ;
Profités des momens que vous avés à l'être.
Aujourd'hui votre arrêt vous ſera prononcé ;
Tremblés, malheureux Roi, votre regne eſt paſſé.

OEDIPE,

Une invisible main suspend sur votre tête
Le glaive menaçant que la vengeance aprête.
Bientôt de vos forfaits vous-même épouvanté,
Fuyant loin de ce trône où vous êtes monté,
Privé des feux sacrés & des eaux salutaires,
Remplissant de vos cris les antres solitaires,
Partout d'un Dieu vangeur vous sentirés les coups,
Vous chercherés la mort, la mort fuira de vous.
Le ciel, ce ciel témoin de tant d'objets funebres,
N'aura plus pour vos yeux que d'horribles tenebres.
Au crime, au châtiment malgré vous destiné,
Vous seriés trop heureux de n'être jamais né.

OEDIPE.

J'ai forcé jusqu'ici ma colere à t'entendre ;
Si ton sang meritoit qu'on daignât le répandre,
De ton juste trépas mes regards satisfaits
De ta prédiction préviendroient les effets.
Va, fui, n'excite plus le transport qui m'agite,
Et respecte un couroux que ta presence irrite ;
Fui, d'un mensonge indigne abominable auteur.

LE GRAND PRESTRE.

Vous me traités toûjours de traître & d'imposteur;
Votre pere autrefois me croyoit plus sincere.

OEDIPE.

Arrête... que dis-tu ? quoi Polibe... mon pere ?

TRAGEDIE. 47

LE GRAND PRESTRE.

Vous aprendrés trop tôt votre funeste sort,
Ce jour va vous donner la naissance & la mort.
Vos destins sont comblés, vous allés vous conoître.
Malheureux, sçavés-vous quel sang vous donna l'ê-
   tre ?
Entouré de forfaits à vous seul reservés,
Sçavés-vous seulement avec qui vous vivés ?
O Corinthe ! ô Phocide ! execrable hymenée !
Je vois naître une race impie, infortunée,
Digne de sa naissance, & de qui la fureur
Remplira l'univers d'épouvante & d'horreur.
Sortons.

SCENE V.

OEDIPE, JOCASTE, EGINE, HIDASPE.

OEDIPE.

Ces derniers mots me rendent immobile.
Je ne sçai où je suis ; ma fureur est tranquille ;
Il me semble qu'un Dieu descendu parmi nous,
Maître de mes transports enchaîne mon couroux ;

Et prêtant au Pontife une force divine,
Par sa terrible voix m'annonce ma ruine.
HIDASPE.
Seigneur, vous avés vû ce qu'on ose attenter,
Un orage se forme, il le faut écarter.
Craignés un ennemi d'autant plus redoutable,
Qu'il vous perce à nos yeux par un trait respectable.
Fortement apuyé sur des oracles vains,
Un Pontife est souvent terrible aux Souverains,
Et dans son zele aveugle un peuple opiniâtré,
De ses liens sacrés imbecille idolâtre,
Foulant par pieté les plus saintes des loix,
Croit honorer les Dieux, en trahissant ses Rois;
Surtout quand l'interêt pere de la licence,
Vient de leur zele impie enhardir l'insolence.
OEDIPE.
Quelle funeste voix s'éleve dans mon cœur!
Quel crime, juste Ciel! & quel comble d'horreur!

JOCASTE.
Seigneur, c'en est assés, ne parlés plus de crime;
A ce peuple expirant il faut une victime,
Il faut sauver l'Etat, & c'est trop differer:
Epouse de Laïus, c'est à moi d'expirer;
C'est à moi de chercher sur l'infernale rive

D'un

TRAGEDIE.

D'un malheureux époux l'ombre errante & plain-
  tive,
De ses mânes sanglans j'apaiserai les cris;
J'irai... puissent les Dieux satisfaits à ce prix,
Contens de mon trépas n'en point exiger d'autre;
Et que mon sang versé puisse épargner le vôtre!

OEDIPE.

Vous mourir, vous Madame! ah! n'est-ce point assés
De tant de maux affreux sur ma tête amassés?
Quittés, Reine, quittés ce langage terrible.
Le sort de votre époux est déja trop horrible,
Sans que de nouveaux traits venant me déchirer,
Vous me donniés encor votre mort à pleurer.
Suivés mes pas, rentrons; il faut que j'éclaircisse
Un soupçon que je forme avec trop de justice.
Venés.

JOCASTE.

Comment, Seigneur, vous pourriés...

OEDIPE.

Suivés-moi,
Et venés dissiper, ou combler mon estroi.

ACTE IV.

SCENE PREMIERE.
OEDIPE, JOCASTE.

OEDIPE.

Non, quoi que vous difiés, mon ame inquietée
De soupçons importuns n'est pas moins agitée.
Le grand Prêtre me gêne, & prêt à l'excuser,
Je commence en secret moi-même à m'accuser.
Sur tout ce qu'il m'a dit plein d'une horreur extrême,
Je me suis en secret interrogé moi-même;
Et mille évenemens de mon ame effacés
Se sont offerts en foule à mes esprits glacés.
Le passé m'interdit, & le present m'accable;
Je lis dans l'avenir un sort épouvantable,
Et le crime partout semble suivre mes pas.

JOCASTE.
Eh quoi, votre vertu ne vous rassure pas ?

TRAGEDIE.

N'êtes-vous pas enfin sûr de votre innocence ?
OEDIPE.
On est plus criminel quelquefois qu'on ne pense.
JOCASTE.
Ah ! d'un Prêtre indiscret dédaignant les fureurs,
Cessés de l'excuser par ces lâches terreurs.
OEDIPE.
Madame, au nom des Dieux, sans vous parler du reste,
Quand Laïus entreprit ce voyage funeste,
Avoit-il prés de lui des gardes, des soldats ?
JOCASTE.
Je vous l'ai déja dit, un seul suivoit ses pas.
OEDIPE.
Un seul homme ?
JOCASTE.
    Ce Roi plus grand que sa fortune
Dédaignoit comme vous une pompe importune ;
On ne voyoit jamais marcher devant son char
D'un bataillon nombreux le fastueux rempart :
Au milieu des sujets soûmis à sa puissance,
Comme il étoit sans crainte, il marchoit sans défense ;
Par l'amour de son peuple il se croyoit gardé.
OEDIPE.
O heros ! par le Ciel aux mortels accordé,

Des veritables Rois exemple auguste & rare,
Oedipe a-t-il sur toi porté sa main barbare ?
Dépeignés-moi du moins ce Prince malheureux.

JOCASTE.

Puisque vous rapelés un souvenir fâcheux,
Malgré le froid des ans dans sa mâle vieillesse,
Ses yeux brilloient encor du feu de sa jeunesse ;
Son front cicatrisé sous ses cheveux blanchis,
Imprimoit le respect aux mortels interdits ;
Et si j'ose, Seigneur, dire ce que j'en pense,
Laïus eut avec vous assés de ressemblance,
Et je m'aplaudissois de retrouver en vous,
Ainsi que les vertus les traits de mon époux.
Seigneur, qu'a ce discours qui doive vous surpren-
　　dre ?

OEDIPE.

J'entrevois des malheurs que je ne puis compren-
　　dre ;
Je crains que par les Dieux le Pontife inspiré
Sur mes destins affreux ne soit trop éclairé.
Moi, j'aurois massacré ! Dieux ! seroit-il possible ?

JOCASTE.

Cet organe des Dieux est-il donc infaillible ?
Un ministere saint les attache aux autels ;
Ils aprochent des Dieux ; mais ils sont des mortels.
Pensés-vous qu'en effet au gré de leur demande

Du vol de leurs oiseaux la verité dépende?
Que sous un fer sacré des taureaux gemissans
Dévoilent l'avenir à leurs regards perçans,
Et que de leurs festons ces victimes ornées
Des humains dans leurs flancs portent les destinées;
Non, non; chercher ainsi l'obscure verité,
C'est usurper les droits de la divinité.
Nos Prêtres ne sont point ce qu'un vain peuple
    pense,
Notre credulité fait toute leur science.

OEDIPE.
Ah Dieux! s'il étoit vrai, quel seroit mon bonheur?

JOCASTE.
Seigneur, il est trop vrai, croyés-en ma douleur.
Comme vous autrefois pour eux préoccupée,
Helas! pour mon malheur je fus bien détrompée; |Var.
Et le Ciel me punit d'avoir trop écouté
D'un oracle imposteur la fausse obscurité.
Il m'en coûta mon fils : Oracles que j'abhorre,
Sans vos ordres, sans vous mon fils vivroit encore.

OEDIPE.
Votre fils! par quels coups l'avés-vous donc perdu?
Quel oracle sur vous les Dieux ont-ils rendu?

JOCASTE.
Aprenés, aprenés dans ce peril extrême,
Ce que j'aurois voulu me cacher à moi-même;

OEDIPE,

Et d'un oracle faux ne vous alarmés plus.

Seigneur, vous le sçavés, j'eus un fils de Laïus,
Sur le sort de mon fils ma tendresse inquiete
Consulta de nos Dieux la fameuse interprete.
Quelle fureur helas de vouloir arracher
Des secrets que le sort a voulu nous cacher ?
Mais enfin j'étois mere, & pleine de foiblesse,
Je me jettai craintive aux pieds de la Prêtresse.
Voici ses propres mots ; j'ai dû les retenir ;
Pardonnés si je tremble à ce seul souvenir.
„ Ton fils tuëra son pere, & ce fils sacrilege,
„ Inceste & parricide... ô Dieux acheverai-je ?

OEDIPE.

Eh bien, Madame ?

JOCASTE.

Enfin, Seigneur, on me prédit
Que mon fils, que ce monstre entreroit dans mon
    lit ;
Que je le recevrois, moi Seigneur, moi sa mere,
Dégoutant dans mes bras du meurtre de son pere ;
Et que tous deux unis par ces liens affreux,
Je donnerois des fils à mon fils malheureux.
Vous vous troublés, Seigneur, à ce recit fu-
    neste,
Vous craignés de m'entendre & d'écouter le reste.

TRAGEDIE.

OEDIPE.

Ah Madame ! achevés... dites... que fites-vous
De cet enfant, l'objet du celeste couroux ?

JOCASTE.

Je crus les Dieux, Seigneur, & faintement cruelle,
J'étouffai pour mon fils mon amour maternelle,
En vain de cet amour l'imperieufe voix
S'opofoit à nos Dieux & condamnoit leurs loix ;
Il falut dérober cette tendre victime
Au fatal afcendant qui l'entraînoit au crime,
Et penfant triompher des horreurs de fon fort,
J'ordonnai par pitié qu'on lui donnât la mort.
O pitié criminelle autant que malheureufe !
O d'un oracle faux obfcurité trompeufe !
Quel fruit me revint-il de mes barbares foins ?
Mon malheureux époux n'en expira pas moins ;
Dans le cours triomphant de fes deftins profperes
Il fut affaffiné par des mains étrangeres.
Ce ne fut point fon fils qui lui porta ces coups,
Et j'ai perdu mon fils fans fauver mon époux.
Que cet exemple affreux puiffe au moins vous inf-
    truire ;
Bannifsés cet effroi qu'un Prêtre vous infpire,
Profités de ma faute, & calmés vos efprits.

OEDIPE.

Aprés le grand fecret que vous m'avés apris ;

Il est juste à mon tour que ma reconnoissance
Fasse de mes destins l'horrible confidence.
Lorsque vous aurés sçû par ce triste entretien
Le raport effrayant de votre sort au mien,
Peut-être ainsi que moi fremirés-vous de crainte.
 Le destin m'a fait naître au trône de Corinthe;
Cependant de Corinthe & du trône éloigné,
Je vois avec horreur les lieux où je suis né.
Un jour, ce jour affreux présent à ma pensée,
Jette encor la terreur dans mon ame glacée;
Pour la première fois par un don solemnel
Mes mains jeunes encore enrichissoient l'autel:
Du temple tout à coup les combles s'entr'ouvri-
   rent;
De traits affreux de sang les marbres se couvrirent;
De l'autel ébranlé par de longs tremblémens
Une invisible main repoussoit mes presens;
Et les vents au milieu de la foudre éclatante,
Porterent jusqu'à moi cette voix effrayante:
„ Ne viens plus des lieux saints souiller la pureté;
„ Du nombre des vivans les Dieux t'ont rejetté;
„ Ils ne reçoivent point tes offrandes impies,
„ Va porter tes presens aux autels des Furies:
„ Conjure leurs serpens prêts à te déchirer;
„ Va, ce sont là les Dieux que tu dois implorer.
Tandis qu'à la frayeur j'abandonnois mon ame,
         Cette

Cette voix m'annonça, le croirés-vous, Madame?
Tout l'assemblage affreux des forfaits inoüis,
Dont le Ciel autrefois menaça votre fils ;
Me dit que je serois l'assassin de mon pere.
JOCASTE.
Ah Dieux !
OEDIPE.
Que je serois le mari de ma mere.
JOCASTE.
Où suis-je ? quel demon en unissant nos cœurs,
Cher Prince, a pû dans nous rassembler tant d'horreurs ?
OEDIPE.
Il n'est pas encor tems de répandre des larmes ;
Vous aprendrés bientôt d'autres sujets d'alarmes.
Ecoutés-moi, Madame, & vous allés trembler.
Du sein de ma patrie il falut m'exiler.
Je craignis que ma main malgré moi criminelle,
Aux destins ennemis ne fût un jour fidelle ;
Et suspect à moi-même, à moi-même odieux,
Ma vertu n'osa point luter contre les Dieux.
Je m'arrachai des bras d'une mere éplorée ;
Je partis, je courus de contrée en contrée,
Je déguisai par-tout ma naissance & mon nom.
Un ami de mes pas fut le seul compagnon.
Dans plus d'une avanture en ce fatal voyage,

H

Le Dieu qui me guidoit seconda mon courage :
Heureux si j'avois pû dans l'un de ces combats
Prévenir mon destin par un noble trépas !
Mais je suis reservé sans doute au parricide.
Enfin je me souviens qu'aux champs de la Phocide,
(Et je ne conçois pas par quel enchantement
J'oubliois jusqu'ici ce grand évenement ;
La main des Dieux sur moi si long-tems suspendue
Semble ôter le bandeau qu'ils mettoient sur ma
    vûe ,)
Dans un chemin étroit je trouvai deux guerriers,
var. Sur un char éclatant que traînoient deux cour-
    siers.
Il falut disputer dans cet étroit passage
Des vains honneurs du pas le frivole avantage.
J'étois jeune & superbe, & nourri dans un rang
Où l'on puisa toûjours l'orgueil avec le sang :
Inconnu, dans le sein d'une terre étrangere,
Je me croyois encore au trône de mon pere,
Et tous ceux qu'à mes yeux le sort venoit offrir,
Me sembloient mes sujets, & faits pour m'obeïr.
Je marche donc vers eux, & ma main furieuse
Arrête des coursiers la fougue impetueuse.
Loin du char à l'instant ces guerriers élancés
Avec fureur sur moi fondent à coups pressés.
La victoire entre nous ne fut point incertaine.

TRAGEDIE.

Dieux puissans, je ne sçai si c'est faveur ou haine;
Mais sans doute pour moi contr'eux vous combat-
 tiés,
Et l'un & l'autre enfin tomberent à mes pieds.
L'un d'eux, il m'en souvient, déja glacé par l'âge,
Couché sur la poussiere observoit mon visage;
Il me tendit les bras, il voulut me parler,
De ses yeux expirans je vis des pleurs couler;
Moi-même en le perçant je sentis dans mon ame,
Tout vainqueur que j'étois... vous fremissés, Ma-
 dame.

JOCASTE.

Seigneur, voici Phorbas, on le conduit ici.

OEDIPE.

Helas ! mon doute affreux va donc être éclairci.

SCENE II.

OEDIPE, JOCASTE, PHORBAS, Suite.

OEDIPE.

Viens, malheureux vieillard, viens, aproche... à sa vûë
D'un trouble renaissant je sens mon ame émûë,
Un confus souvenir vient encor m'affliger ;
Je tremble de le voir & de l'interroger.

H ij

PHORBAS.

Eh bien est-ce aujourd'hui qu'il faut que je perisse ?
Grande Reine, avés-vous ordonné mon suplice ?
Vous ne fûtes jamais injuste que pour moi.

JOCASTE.

Rassurés-vous, Phorbas, & répondés au Roi.

PHORBAS.

Au Roi !

JOCASTE.

C'est devant lui que je vous fais paroître.

PHORBAS.

O Dieux ! Laïus est mort, & vous êtes mon maître,
Vous, Seigneur ?

OEDIPE.

Epargnons les discours superflus ;
Tu fus le seul témoin du meurtre de Laïus ;
Tu fus blessé, dit-on, en voulant le défendre.

PHORBAS.

Seigneur, Laïus est mort, laissés en paix sa cendre ;
N'insultés point du moins au malheureux destin
D'un fidele sujet blessé de votre main.

OEDIPE.

Je t'ai blessé ; qui ? moi ?

PHORBAS.

Contentés votre envie,
Achevés de m'ôter une importune vie.

TRAGEDIE.

Seigneur, que votre bras, que les Dieux ont trompé,
Verse un reste de sang qui vous est échapé;
Et puis qu'il vous souvient de ce sentier funeste
Où mon Roi...

OEDIPE.

Malheureux, épargne-moi le reste.
J'ai tout fait, je le voi, c'en est assés... ô Dieux,
Enfin après quatre ans vous desillés mes yeux.

JOCASTE.

Helas! il est donc vrai?

OEDIPE.

Quoi! c'est toi que ma rage
Attaqua vers Daulis en cet étroit passage?
Oui, c'est toi, vainement je cherche à m'abuser;
Tout parle contre moi, tout sert à m'accuser,
Et mon œil étonné ne peut te méconnoître.

PHORBAS.

Il est vrai, sous vos coups j'ai vû tomber mon maî-
tre;
Vous avés fait le crime, & j'en fus soupçonné;
J'ai vécu dans les fers, & vous avés regné.

OEDIPE.

Va, bientôt à mon tour je te rendrai justice.
Va, laisse-moi du moins le soin de mon suplice;
Laisse-moi, sauve-moi de l'affront douloureux
De voir un innocent que j'ai fait malheureux.

SCENE III.
OEDIPE, JOCASTE.

OEDIPE.

Jocaste... (car enfin la fortune jalouse
M'interdit à jamais le tendre nom d'épouse)
Vous voyés mes forfaits ; libre de votre foi,
Frapés, délivrés-vous de l'horreur d'être à moi.

JOCASTE.

Helas !

OEDIPE.

Prenés ce fer, instrument de ma rage,
Qu'il vous serve aujourd'hui pour un plus juste
  usage,
Plongés-le dans mon sein.

JOCASTE.

    Que faites-vous, Seigneur?
Arrêtés, moderés cette aveugle douleur,
Vivés.

OEDIPE.

Quelle pitié pour moi vous interesse ?
Je dois mourir.

JOCASTE.

  Vivés, c'est moi qui vous en presse;

Ecoutés ma priere.
OEDIPE.
Ah ! je n'écoute rien ;
J'ai tué votre époux.
JOCASTE.
Mais vous êtes le mien.
OEDIPE.
Je le suis par le crime.
JOCASTE.
Il est involontaire.
OEDIPE.
N'importe, il est commis.
JOCASTE.
O comble de misere !
OEDIPE.
O trop funeste himen ! ô feux jadis si doux !
JOCASTE.
Ils ne sont point éteints, vous êtes mon époux.
OEDIPE.
Non, je ne le suis plus, & ma main ennemie
N'a que trop bien rompu le saint nœud qui nous lie.
Je remplis ces climats du malheur qui me suit ;
Redoutés-moi, craignés le Dieu qui me poursuit :
Ma timide vertu ne sert qu'à me confondre,
Et de moi desormais je ne puis plus répondre.
Peut-être de ce Dieu partageant le couroux,

L'horreur de mon destin s'étendra jusqu'à vous.
Ayés du moins pitié de tant d'autres victimes ;
Frapés, ne craignés rien, vous m'épargnés des
    crimes.

JOCASTE.

Ne vous accusés point d'un destin si cruel,
Vous êtes malheureux, & non pas criminel.
Dans ce fatal combat que Daulis vous vit rendre,
Vous ignoriés quel sang vos mains alloient ré-
    pandre ;
Et sans trop rapeller cet affreux souvenir,
Je ne puis que me plaindre, & non pas vous punir.
Vivés...

OEDIPE.

Moi que je vive ! il faut que je vous fuie.
Helas ! où traînerai-je une mourante vie ?
Sur quels bords malheureux, dans quels tristes cli-
    mats
Ensevelir l'horreur qui s'attache à mes pas ?
Irai-je errant encore, & me fuyant moi-même,
Meriter par le meurtre un nouveau diadême ?
Irai-je dans Corinthe, où mon triste destin
A des crimes plus grands reserve encor ma main ?
Corinthe, que jamais ta detestable rive...

SCENE

TRAGEDIE.

SCENE IV.

OEDIPE, JOCASTE, DIMAS.

DIMAS.

SEigneur, en ce moment un étranger arrive;
Il se dit de Corinthe, & demande à vous voir.

OEDIPE.

Allons, dans un moment je vais le recevoir.
à Jocaste.
Adieu; que de vos pleurs la source se dissipe,
Vous ne reverrés plus le malheureux Oedipe;
C'en est fait, j'ai regné, vous n'avez plus d'époux,
En cessant d'être Roi, je cesse d'être à vous.
Je pars; je vais chercher dans ma douleur mortelle
Des païs où ma main ne soit point criminelle;
Et vivant loin de vous sans Etats, mais en Roi,
Justifier les pleurs que vous versés pour moi.

Fin du quatriéme Acte.

ACTE V.

SCENE PREMIERE.

OEDIPE, HIDASPE, DIMAS,
LE CHOEUR, Suite.

OEDIPE.

Finisse's vos regrets, & retenés vos larmes ;
Vous plaignés mon exil, il a pour moi des charmes.
Ma suite à vos malheurs assure un prompt secours,
En perdant votre Roi vous conservés vos jours.
Du sort de tout ce peuple il est tems que j'ordonne.
J'ai sauvé cet Empire en arrivant au trône ;
J'en descendrai du moins comme j'y suis monté,
Ma gloire me suivra dans mon adversité.
Mon destin fut toûjours de vous rendre la vie.
à la suite.
Que Phorbas vienne ici, c'est son Roi qui l'en prie:
Auteur de tous ses maux, c'est peu de les vanger,
C'est peu de m'en punir, je dois les soulager :
Il faut de mes bontés lui laisser quelque marque,
Et descendre du moins de mon trône en Monarque.

Vous, qu'on fasse aprocher l'étranger devant moi.
Vous, demeurés.

SCENE II.

OEDIPE, HIDASPE, ICARE, Suite.

OEDIPE.

Icare, est-ce vous que je voi ?
Vous de mes premiers ans sage dépositaire,
Vous digne favori de Polibe mon pere.
Quel sujet important vous conduit parmi nous ?

ICARE.

Seigneur, Polibe est mort.

OEDIPE.

Ah ! que m'aprenés-vous ?
Mon pere...

ICARE.

A son trépas vous deviés vous attendre.
Dans la nuit du tombeau les ans l'ont fait descendre;
Ses jours étoient remplis, il est mort à mes yeux.

OEDIPE.

Qu'êtes-vous devenus, oracles de nos Dieux ?
Vous qui faisiés trembler ma vertu trop timide,

68 OEDIPE,
Vous qui me prépariez l'horreur d'un parricide.
Mon pere est chés les morts, & vous m'avés trompé.
Malgré vous dans son sang mes mains n'ont point
 trempé ;
Ainsi de mon erreur esclave volontaire,
var. | Trop soigneux d'écarter un mal imaginaire,
J'abandonnois ma vie à des malheurs certains ;
Trop credule artisan de mes tristes destins.

 O Ciel ! & quel est donc l'excès de ma misere ?
Si le trépas des miens me devient necessaire ;
Si trouvant dans leur perte un bonheur odieux,
Pour moi la mort d'un pere est un bienfait des
 Dieux.
Allons, il faut partir ; il faut que je m'acquite
Des funebres tributs que sa cendre merite.
Partons ; vous vous taisés, je voi vos pleurs couler ;
Que ce silence !

ICARE.

 O Ciel ! oserai-je parler ?

OEDIPE.

Vous reste-t-il encor des malheurs à m'aprendre ?

ICARE.

Un moment sans témoins daignerez-vous m'entendre ?

OEDIPE.

à sa suite.
Allés, retirés-vous... Que va-t-il m'annoncer ?

TRAGEDIE.

ICARE.

A Corinthe, Seigneur, il ne faut plus penser.
Si vous y paroissés, votre mort est jurée.

OEDIPE.

Eh ! qui de mes Etats me défendroit l'entrée ?

ICARE.

Du sceptre de Polibe un autre est l'heritier.

OEDIPE.

Est-ce assez ? & ce trait sera-t-il le dernier ?
Poursuis destin, poursuis, tu ne pourras m'abattre.
Eh bien j'allois regner, Icare, allons combattre.
A mes lâches sujets courons me presenter.
Parmi ces malheureux promts à se revolter,
Je puis trouver du moins un trépas honorable.
Mourant chés les Thebains je mourrois en coupa-
 ble.
Je dois perir en Roi. Quels sont mes ennemis ?
Parle, quel étranger sur mon trône est assis ?

ICARE.

Le gendre de Polibe ; & Polibe lui-même
Sur son front en mourant a mis le diadême.
A son maître nouveau tout le peuple obeït.

OEDIPE,

Eh quoi ! mon peré aussi, mon pere me trahit ?
De la rebellion mon pere est le complice ?
Il me chasse du trône ?

OEDIPE,
ICARE.
Il vous a fait justice ;
Vous n'étiés point son fils.
OEDIPE.
Icare...
ICARE.
Avec regret
Je revele en tremblant ce terrible secret :
Mais il le faut, Seigneur, & toute la Province...
OEDIPE.
Je ne suis point son fils !
ICARE.
Non, Seigneur, & ce Prince
Pressé de ses remords a tout dit aux abois,
Et vous a renoncé pour le sang de nos Rois ;
Et moi de son secret confident & complice,
Craignant du nouveau Roi la severe justice,
Je venois implorer votre apui dans ces lieux.
OEDIPE.
Je n'étois point son fils ! & qui suis-je, grands
Dieux ?
ICARE.
Le Ciel qui dans mes mains a remis votre enfance,
D'une profonde nuit couvre votre naissance ;
Et je sçai seulement qu'en naissant condamné,
Et sur un mont desert à perir destiné,

TRAGEDIE.

La lumiere sans moi vous eût été ravie.

OEDIPE.

Ainsi donc mon malheur commence avec ma vie;
J'étois dés le berceau l'horreur de ma maison.
Où tombai-je en vos mains ?

ICARE.

Sur le mont Citheron,

OEDIPE.

Prés de Thebe ?

ICARE.

Un Thebain qui se dit votre pere,
Exposa votre enfance en ce lieu solitaire.
Quelque Dieu bienfaisant guida vers vous mes pas,
La pitié me saisit, je vous prens dans mes bras ;
Je ranime dans vous la chaleur presque éteinte :
Vous vivés, & bientôt je vous porte à Corinthe.
Je vous presente au Prince, admirés votre sort,
Le Prince vous adopte au lieu de son fils mort,
Et par ce coup adroit, sa politique heureuse,
Affermit pour jamais sa puissance douteuse.
Sous le nom de son fils vous fûtes élevé
Par cette même main qui vous avoit sauvé :
Mais le trône en effet n'étoit point votre place,
L'interêt vous y mit, le remord vous en chasse.

OEDIPE.

O vous qui presidés aux fortunes des Rois,

Dieux ! faut-il en un jour m'accabler tant de fois?
Et preparant vos coups par vos trompeurs oracles,
Contre un foible mortel épuiser les miracles ?
Mais ce vieillard, ami, de qui tu m'as reçû
Depuis ce tems fatal ne l'as-tu jamais vû ?

ICARE.

Jamais, & le trépas vous a ravi peut-être
Le seul qui vous eut dit le sang qui vous fit naître:
Mais long-tems de ses traits mon esprit occupé
De son image encore est tellement frapé,
Que je le connoîtrois, s'il venoit à paroître.

OEDIPE.

Malheureux ! eh pourquoi chercher à le connoître?
Je devrois bien plûtôt d'accord avec les Dieux,
Chérir l'heureux bandeau qui me couvre les yeux.
J'entrevoi mon destin, ces recherches cruelles
Ne me découvriront que des horreurs nouvelles.
Je le sçai : mais malgré les maux que je prévoi,
Un desir curieux m'entraîne loin de moi.
Je ne puis demeurer dans cette incertitude ;
Le doute en mon malheur est un tourment trop
 rude ;
J'abhorre le flambeau dont je veux m'éclairer,
Je crains de me connoître, & ne puis m'ignorer.

SCENE

SCENE III.

OEDIPE, ICARE, PHORBAS.

OEDIPE.

Ah ! Phorbas, approchés.
ICARE.
Ma surprise est extrême ;
Plus je le vois, & plus... Ah! Seigneur, c'est lui-même,
C'est lui.
PHORBAS, à Icare.
Pardonnés-moi, si vos traits inconnus...
ICARE.
Quoi, du mont Citheron ne vous souvient-il plus?
PHORBAS.
Comment ?
ICARE.
Quoi, cet enfant qu'en mes mains vous remîtes?
Cet enfant qu'au trépas...
PHORBAS.
Ah ! qu'est-ce que vous dites ;
Et de quel souvenir venez-vous m'accabler ?
ICARE.
Allés, ne craignés rien, cessés de vous troubler.
Vous n'avés en ces lieux que des sujets de joye ;

Oedipe est cet enfant.
PHORBAS.
Que le Ciel te foudroye,
Malheureux, qu'as-tu dit ?
ICARE, à Oedipe.
Seigneur, n'en doutés pas,
Quoi que ce Thebain dise, il vous mit dans mes bras.
Vos destins sont connus, & voilà votre pere.
OEDIPE.
O sort qui me confond ! ô comble de misere !
à *Phorbas.*
Je serois né de vous... le Ciel auroit permis
Que votre sang versé...
PHORBAS.
Vous n'êtes point mon fils.
OEDIPE.
Eh quoi ! n'avés-vous pas exposé mon enfance ?
PHORBAS.
Seigneur, permettés-moi de fuir votre presence,
Et de vous épargner cet horrible entretien.
OEDIPE.
Phorbas, au nom des Dieux, ne me déguise rien.
PHORBAS.
Partés, Seigneur, fuyés vos enfans & la Reine.
OEDIPE.
Répons-moi seulement, la resistance est vaine.

TRAGEDIE.

Cet enfant par toi-même à la mort deftiné,
en montrant Icare.
Le mis-tu dans ses bras?

PHORBAS.

Oüi, je le lui donnai.
Que ce jour ne fut-il le dernier de ma vie !

OEDIPE.

Quel étoit fon païs ?

PHORBAS.

Thebe étoit fa patrie.

OEDIPE.

Tu n'étois point fon pere ?

PHORBAS.

Helas ! il étoit né
D'un fang plus glorieux & plus infortuné.

OEDIPE.

Quel étoit-il enfin ?

PHORBAS *fe jette aux genoux du Roi.*

Seigneur, qu'allés-vous faire ?

OEDIPE.

Acheve, je le veux.

PHORBAS.

Jocafte étoit fa mere.

ICARE.

Et voilà donc le fruit de mes genereux foins !

K ij

PHORBAS.
Qu'avons-nous fait tous deux ?
OEDIPE.
Je n'attendois pas moins,
ICARE.
Seigneur,
OEDIPE.
Sortés, cruels, sortés de ma presence,
De vos affreux bienfaits craignés la recompense;
Fuyés, à tant d'horreurs par vous seuls reservé,
Je vous punirois trop de m'avoir conservé.

SCENE IV.

OEDIPE.

LE voilà donc rempli cet oracle execrable
Dont ma crainte a pressé l'effet inévitable;
Et je me vois enfin par un mélange affreux
Inceste, & parricide, & pourtant vertueux.
Miserable vertu, nom sterile & funeste,
Toi par qui j'ai reglé des jours que je deteste,
A mon noir ascendant tu n'as pû resister,
Je tombois dans le piege en voulant l'éviter.
Un Dieu plus fort que moi m'entraînoit vers le crime,

Sous mes pas fugitifs il creusoit un abîme,
Et j'étois malgré moi dans mon aveuglement,
D'un pouvoir inconnu l'esclave & l'instrument.
Voilà tous mes forfaits, je n'en connois point
 d'autres ;
Impitoyables Dieux, mes crimes sont les vôtres,
Et vous m'en punissés... où suis-je ! quelle nuit
Couvre d'un voile affreux la clarté qui nous luit ?
Ces murs sont teints de sang, je vois les Eumenides
Secoüer leurs flambeaux vangeurs des parricides.
Le tonnerre en éclats semble fondre sur moi,
L'enfer s'ouvre... ô Laïus, ô mon pere ! est-ce toi?
Je vois, je reconnois la blessure mortelle
Que te fit dans le flanc cette main criminelle.
Punis-moi, vange-toi d'un monstre detesté,
D'un monstre qui soüilla les flancs qui l'ont porté;
Aproche, entraîne-moi dans les demeures sombres,
J'irai de mon suplice épouvanter les ombres.
Viens, je te suis.

SCENE V.

OEDIPE, JOCASTE, EGINE,
LE CHOEUR.

JOCASTE,

Seigneur, dissipés mon effroi,
Vos redoutables cris ont été jusqu'à moi.
OEDIPE.
Terre, pour m'engloutir entr'ouvre tes abîmes.
JOCASTE.
Quel malheur imprévû vous accable ?
OEDIPE.
       Mes crimes.
JOCASTE.
Seigneur.
OEDIPE.
Fuyés, Jocaste.
JOCASTE.
    Ah trop cruel époux !
OEDIPE.
Malheureuse ! arrêtés, quel nom prononcés-vous?
Moi votre époux ! quittés ce titre abominable
Qui nous rend l'un à l'autre un objet execrable.

TRAGEDIE.
JOCASTE.
Qu'entens-je ?
OEDIPE.
C'en est fait, nos destins sont remplis.
Laïus étoit mon pere, & je suis votre fils.
Il sort.
I. PERSONNAGE DU CHOEUR.
O crime !
II. PERSONNAGE DU CHOEUR.
O jour affreux ! jour à jamais terrible !
JOCASTE.
Egine, arrache-moi de ce Palais horrible.
EGINE.
Helas !
JOCASTE.
Si tant de maux ont de quoi te toucher ?
Si ta main sans fremir peut encor m'aprocher,
Aide-moi, soûtiens-moi, prens pitié de ta Reine.
I. PERSONNAGE DU CHOEUR.
Dieux, est-ce donc ainsi que finit votre haine ?
Reprenés, reprenés vos funestes bienfaits,
Cruels, il valoit mieux nous punir à jamais.

SCENE VI.

JOCASTE, EGINE, LE GRAND
PRESTRE, LE CHOEUR.

LE GRAND PRESTRE.

Peuples, un calme heureux écarte les tempêtes,
Un soleil plus serain se leve sur vos têtes ;
Les feux contagieux ne sont plus allumés,
Vos tombeaux qui s'ouvroient sont déja refermés,
La mort fuit, & le Dieu du ciel & de la terre
Annonce ses bontés par la voix du tonnerre.

*Ici on entend gronder la foudre,
& on voit briller les éclairs.*

JOCASTE.

Quels éclats ! Ciel ! où suis-je ? & qu'est-ce que
 j'entens
Barbares !...

LE GRAND PRESTRE.

C'en est fait, & les Dieux sont contens.
Laïus du sein des morts cesse de vous poursuivre ;
Il vous permet encor de regner & de vivre ;
Le sang d'Oedipe enfin suffit à son couroux.

LE CHOEUR.

Dieux !

JOCASTE.

TRAGEDIE.
JOCASTE.

O mon fils ! helas dirai-je mon époux ?
O des noms les plus chers assemblage effroyable !
Il est donc mort ?

LE GRAND PRESTRE.

Il vit, & le fort qui l'accable
Des morts & des vivans semble le separer ;
Il s'est privé du jour avant que d'expirer :
Je l'ai vû dans ses yeux enfoncer cette épée
Qui du sang de son pere avoit été trempée ;
Il a rempli son sort, & ce moment fatal
Du salut des Thebains est le premier signal.
Tel est l'ordre du Ciel, dont la fureur se lasse ;
Comme il veut aux mortels il fait justice ou grace ;
Ses traits sont épuisés sur ce malheureux fils.
Vivez, il vous pardonne.

JOCASTE.

Et moi je me punis;

elle se frape.

Par un pouvoir affreux reservée à l'inceste ;
La mort est le seul bien, le seul Dieu qui me reste;
Laïus, reçois mon sang, je te suis chés les morts ;
J'ai vécu vertueuse, & je meurs sans remors.

LE CHOEUR.

O malheureuse Reine ! ô destin que j'abhorre !

OEDIPE.
JOCASTE.

Ne plaignés que mon fils, puisqu'il respire encore,
Prêtres, & vous Thebains, qui fûtes mes sujets,
Honorés mon bucher, & songés à jamais,
Qu'au milieu des horreurs du destin qui m'oprime,
J'ai fait rougir les Dieux qui m'ont forcée au crime.

Fin du cinquième & dernier Acte.

LETTRES
ÉCRITES
PAR L'AUTEUR,
QUI CONTIENNENT LA CRITIQUE
de l'Oedipe de Sophocle, de celui
de Corneille, & du sien.

PREMIERE LETTRE
ÉCRITE
AU SUJET DES CALOMNIES
DONT ON AVOIT CHARGÉ
L'AUTEUR,

Imprimée par permission expresse de Monseigneur LE DUC D'ORLEANS.

E vous envoye, MONSIEUR, ma Tragedie d'Oedipe, que vous avés vû naître. Vous sçavés que j'ai commencé cette Piece à dix-neuf ans. Si quelque chose pouvoit faire pardonner la mediocrité d'un ouvrage, ma jeunesse me serviroit d'excuse. Du moins malgré les défauts dont cette Tragedie est pleine, & que je suis le premier à reconnoître, j'ose me flater que vous verrés quelque difference entre cet ouvrage & ceux que l'ignorance & la malignité m'ont imputés. Je sens combien il est dangereux de parler de soi : mais mes malheurs ayant été publics, il faut que ma justification le soit aussi. La reputation d'honnête homme m'est plus chere que celle d'Auteur : ainsi je crois que personne ne

trouvera mauvais qu'en donnant au public un ouvrage pour lequel il a eu tant d'indulgence, j'essaye de meriter entierement son estime, en détruisant l'imposture qui pourroit me l'ôter.

Je sçai que tous ceux avec qui j'ai vécu sont persuadés de mon innocence : mais aussi, bien des gens qui ne connoissent ni la poësie ni moi, m'imputent encore les ouvrages les plus indignes d'un honnête homme & d'un Poëte.

Il y a peu d'Ecrivains celebres qui n'ayent essuyé de pareilles disgraces ; presque tous les Poëtes qui ont réüssi ont été calomniés, & il est bien triste pour moi de ne leur ressembler que par mes malheurs.

Vous n'ignorés pas que la Cour & la Ville ont de tout tems été remplies de critiques obscurs, qui, à la faveur des nuages qui les couvrent, lancent, sans être aperçûs, les traits les plus envenimés contre les femmes & contre les Puissances, & qui n'ont que la satisfaction de blesser adroitement, sans goûter le plaisir dangereux de se faire connoître. Leurs Epigrammes & leurs Vaudevilles sont toûjours des enfans suposés dont on ne connoît point les vrais parens : ils cherchent à charger de ces indignités quelqu'un qui soit assés connu pour que le monde puisse l'en soupçonner, & qui soit assés peu protegé pour ne pouvoir se défendre. Telle étoit la situation où je me suis trouvé en entrant dans le monde. Je n'avois pas plus de dix-huit ans. L'imprudence attachée d'ordinaire à la jeunesse, pouvoit aisément autoriser les soupçons que l'on faisoit naître sur moi. J'étois d'ailleurs sans apui, & je n'avois jamais songé à me faire des protecteurs, parce que je ne croyois pas que je dûsse avoir jamais des ennemis.

I. LETTRE.

Il parut à la mort de Louis XIV. une petite Piece imitée des *J'ai vû* de l'Abbé Regnier. C'étoit un ouvrage où l'Auteur passoit en revûë tout ce qu'il avoit vû dans sa vie. Cette Piece est aussi negligée aujourd'hui qu'elle étoit alors recherchée. C'est le sort de tous les ouvrages qui n'ont d'autre merite que celui de la satyre. Cette Piece n'en avoit point d'autre ; elle n'étoit remarquable que par les injures grossieres qui y étoient indignement répandües, & c'est ce qui lui donna un cours prodigieux : on oublia la bassesse du stile en faveur de la malignité de l'ouvrage. Elle finissoit : *J'ai vû ces maux, & je n'ai pas vingt ans*.

Comme je n'avois pas vingt ans alors, plusieurs personnes crurent que j'avois mis par là mon cachet à cet indigne ouvrage ; on ne me fit pas l'honneur de croire que je pûsse avoir assés de prudence pour me déguiser. L'auteur de cette miserable Satyre ne contribua pas peu à la faire courir sous mon nom, afin de mieux cacher le sien. Quelques-uns m'imputerent cette piece par malignité, pour me décrier & pour me perdre. Quelques autres, qui l'admiroient bonnement, me l'attribuerent pour m'en faire honneur. Ainsi un ouvrage que je n'avois point fait, & même que je n'avois point encore vû alors, m'attira de tous côtés des maledictions & des loüanges.

Je me souviens que passant alors par une petite Ville de Province, les beaux esprits du lieu me prierent de leur reciter cette piece, qu'ils disoient être un chef-d'œuvre. J'eus beau leur répondre que je n'en étois point l'auteur, & que la piece étoit miserable, ils ne m'en crurent point sur ma parole ; ils admirerent ma retenuë, & j'ac-

quis ainſi auprés d'eux, ſans y penſer, la reputation d'un grand Poëte & d'un homme fort mo-
deſte.

Cependant ceux qui m'avoient attribué ce malheureux ouvrage, continuoient à me rendre reſ-
ponſable de toutes les ſotiſes qui ſe debitoient
dans Paris, & que moi-même je dédaignois de
lire. Quand un homme a eu le malheur d'être calomnié une fois, il eſt ſûr de l'être toûjours, juſ-
qu'à ce que ſon innocence éclate, ou que la
mode de le perſecuter ſoit paſſée ; car tout eſt
mode en ce païs-ci, & on ſe laſſe de tout à la fin,
même de faire du mal.

Heureuſement ma juſtification eſt venuë, quoi
qu'un peu tard ; celui qui m'avoit calomnié, &
qui avoit cauſé ma diſgrace, m'a ſigné lui-même,
les larmes aux yeux, le deſaveu de ſa calomnie,
en préſence de deux perſonnes de conſideration
qui ont ſigné aprés lui. Monſieur le Marquis de
la Vrilliere a eu la bonté de faire voir ce certificat
à Monſeigneur le Regent.

Ainſi il ne manquoit à ma juſtification que de
la faire connoître au public. Je le fais aujour-
d'hui, parce que je n'ai pas eu occaſion de le faire plûtôt ; & je le fais avec d'autant plus de con-
fiance, qu'il n'y a perſonne en France qui puiſſe
avancer que je ſois l'auteur d'aucune des choſes
dont j'ai été accuſé, ni que j'en aye debité aucune, ni même que j'en aye jamais parlé, que pour
marquer le mépris ſouverain que je fais de ces indignités.

Je m'attens bien que pluſieurs perſonnes, ac-
coûtumées à juger de tout ſur le raport d'autrui,
ſeront étonnées de me trouver ſi innocent, aprés
m'avoir crû ſi criminel ſans me connoître. Je
ſouhaite que mon exemple puiſſe leur aprendre

à

à ne plus précipiter leurs jugemens sur les aparences les plus frivoles, & à ne plus condamner ce qu'ils ne connoissent pas. On rougiroit bien souvent de ses decisions, si on vouloit, reflechir sur les raisons par lesquelles on se determine. Il s'est trouvé des gens qui ont crû serieusement que l'auteur de la Tragedie d'Atrée étoit un méchant homme, parce qu'il avoit rempli la coupe d'Atrée du sang du fils de Thieste ; & aujourd'hui il y a des consciences timorées qui pretendent que je n'ai point de religion, parce que Jocaste se défie des oracles d'Apollon. Voila comme on decide presque toujours dans le monde ; & ceux qui sont accoûtumés à juger de la sorte, ne se corrigeront pas par la lecture de cette Lettre, peut-être même ne la liront-ils point.

Je ne pretens donc point ici faire taire la calomnie, elle est trop inseparable des succés : mais du moins il m'est permis de souhaiter que ceux qui ne sont en place que pour rendre justice, ne fassent point des malheureux sur le raport vague & incertain du premier calomniateur. Faudra-t-il donc qu'on regarde desormais comme un malheur d'être connu par les talens de l'esprit, & qu'un homme soit persecuté dans sa patrie, uniquement parce qu'il court une carriere dans laquelle il peut faire honneur à sa patrie même ?

Ne croyés pas, MONSIEUR, que je compte parmi les preuves de mon innocence le present dont Monseigneur le Regent a daigné m'honorer : cette bonté pourroit n'être qu'une marque de sa clemence. Il est au nombre des Princes qui par des bienfaits sçavent lier à leur devoir ceux même qui s'en sont écartés. Une preuve plus sûre de mon innocence, c'est qu'il a daigné dire que je n'étois point coupable, & qu'il a reconnu

M

la calomnie lorsque le tems a permis qu'il pût la découvrir.

Je ne regarde point non plus cette grace que Monseigneur le Duc d'Orleans m'a faite comme une recompense de mon travail, qui ne méritoit tout au plus que son indulgence. Il a moins voulu me recompenser que m'engager à meriter sa protection : l'envie de lui plaire me tiendra lieu desormais de genie.

Sans parler de moi, c'est un grand bonheur pour les Lettres, que nous vivions sous un Prince qui aime les beaux Arts autant qu'il hait la flaterie, & dont on peut obtenir la protection plûtôt par de bons ouvrages que par des louanges, pour lesquelles il a un dégoût peu ordinaire dans ceux qui par leur naissance & par leur rang sont destinés à être loués toute leur vie.

SECONDE LETTRE.

M.

Avant de vous faire lire ma Tragedie, souffrés que je vous prévienne sur le succés qu'elle a eu, non pas pour m'en aplaudir, mais pour vous assurer combien je m'en défie.

Je sçai que les premiers aplaudissemens du public ne sont pas toûjours de sûrs garans de la bonté d'un ouvrage. Souvent un auteur doit le succés de sa Piece ou à l'art des Acteurs qui la jouent, ou à la decision de quelques amis accredités dans le monde, qui entraînent pour un tems les suffrages de la multitude ; & le public est étonné, quelques mois après, de s'ennuyer à la lecture du même ouvrage qui lui arrachoit des larmes dans la representation. Je me garderai donc bien de me prévaloir d'un succés peut-être passager, & dont les Comediens ont plus à s'aplaudir que moi-même.

On ne voit que trop d'Auteurs dramatiques qui impriment à la tête de leurs ouvrages des Prefaces pleines de vanité, qui *comptent les Princes & les Princesses qui sont venues pleurer aux representations* ; *qui ne donnent d'autres réponses à leurs censeurs que l'aprobation du public* ; & qui enfin, après s'être placés à côté de Corneille &

de Racine, se retrouvent confondus dans la foule des mauvais Auteurs dont ils sont les seuls qui s'exceptent.

J'éviterai du moins ce ridicule ; je vous parlerai de ma Piece, plus pour avouer mes défauts que pour les excuser : mais aussi je traiterai Sophocle & Corneille avec autant de liberté que je me traiterai avec justice.

J'examinerai les trois Oedipes avec une égale exactitude. Le respect que j'ai pour l'antiquité de Sophocle & pour le merite de Corneille, ne m'aveugleront pas sur leurs défauts ; l'amour propre ne m'empêchera pas non plus de trouver les miens. Au reste, ne regardés point ces dissertations comme les decisions d'un critique orgueilleux, mais comme les doutes d'un jeune homme qui cherche à s'éclairer. La decision ne convient ni à mon âge, ni à mon peu de genie ; & si la chaleur de la composition m'attache quelques termes peu mesurés, je les desavoüe d'avance ; & je declare que je ne pretens parler affirmativement que sur mes fautes.

TROISIEME LETTRE,
CONTENANT LA CRITIQUE
DE L'OEDIPE DE SOPHOCLE.

M.

Mon peu d'érudition ne me permet pas d'examiner si la *Tragedie* * *de Sophocle fait son imitation par le discours, le nombre & l'harmonie; ce qu'Aristote appelle expressément un discours agreablement assaisonné.* Je ne discuterai pas non plus si c'est une *piece du premier genre simple & implexe; simple, parce qu'elle n'a qu'une simple catastrophe; & implexe, parce qu'elle a la reconnoissance avec la peripetie.*

Je vous rendrai seulement compte avec simplicité des endroits qui m'ont revolté, & sur lesquels j'ai besoin des lumieres de ceux qui connoissant mieux que moi les anciens, peuvent mieux excuser tous leurs défauts.

La scene ouvre dans Sophocle par un Chœur de Thebains prosternés au pied des autels, & qui par leurs larmes & par leurs cris demandent aux Dieux la fin de leurs calamités. Oedipe leur liberateur & leur Roi paroît au milieu d'eux.

Je suis Oedipe, leur dit-il, *si vanté par tout le monde*. Il y a quelque apatence que les Thebains n'ignoroient pas qu'il s'appelloit Oedipe.

* *M. Dacier, Preface sur l'Oedipe de Sophocle.*

A l'égard de cette grande reputation dont il se vante, M. Dacier dit que c'est une adresse de Sophocle, qui veut fonder par là le caractere d'Oedipe qui est orgueilleux.

Mes enfans, dit Oedipe, *quel est le sujet qui vous amene ici?* Le grand Prêtre lui répond: *Vous voyés devant vous des jeunes gens & des vieillards. Moi qui vous parle, je suis le grand Prêtre de Jupiter. Votre ville est comme un vaisseau battu de la tempête, elle est prête d'être abîmée, & n'a pas la force de surmonter les flots qui fondent sur elle.* De là le grand Prêtre prend occasion de faire une description de la peste, dont Oedipe étoit aussi bien informé que du nom & de la qualité du grand Prêtre de Jupiter.

Tout cela n'est gueres une preuve de cette perfection, où on pretendoit il y a quelques années que Sophocle avoit poussé la Tragedie; & il ne paroît pas qu'on ait si grand tort dans ce siecle de refuser son admiration à un Poëte, qui n'employe d'autre artifice pour faire connoître ses personnages que de faire dire à l'un, *Je m'apelle Oedipe si vanté par tout le monde.* & à l'autre: *Je suis le grand Prêtre de Jupiter.* Cette grossiereté n'est plus regardée aujourd'hui comme une noble simplicité.

La description de la peste est interrompuë par l'arrivée de Creon frere de Jocaste, que le Roi avoit envoyé consulter l'oracle, & qui commence par dire à Oedipe:

Seigneur, nous avons eu autrefois un Roi qui s'apelloit Laïus.

OEDIPE.
Je le sçai, quoique je ne l'aye jamais vû.
CREON.
Il a été assassiné, & Apollon veut que nous punissions ses meurtriers.

DE SOPHOCLE.
OEDIPE.

Fut-ce dans sa maison ou à la campagne que Laïus fut tué?

Il est déja contre la vraisemblance, qu'Oedipe qui regne depuis si long-tems ignore comment son predecesseur est mort, mais qu'il ne sçache pas même si c'est aux champs ou à la ville que ce meurtre a été commis, & qu'il ne donne pas la moindre raison, ni la moindre excuse de son ignorance. J'avouë que je ne connois point de terme pour exprimer une pareille absurdité.

C'est une faute du sujet, dit-on, & non de l'auteur, comme si ce n'étoit pas à l'auteur à corriger son sujet lors qu'il est defectueux. Je sçai qu'on peut me reprocher à peu prés la même faute : mais aussi je ne me ferai pas plus de grace qu'à Sophocle, & j'espere que la sincerité avec laquelle j'avouërai mes défauts, justifiera la hardiesse que je prends de relever ceux d'un ancien.

Ce qui suit me paroît également éloigné du sens commun. Oedipe demande s'il ne revint personne de la suite de Laïus à qui on puisse en demander des nouvelles. *On lui répond qu'un de ceux qui accompagnoient ce malheureux Roi s'étant sauvé, vint dire dans Thebe que Laïus avoit été assassiné par des voleurs, qui n'étoient pas en petit, mais en grand nombre.*

Comment se peut-il faire qu'un témoin de la mort de Laïus dise que son maître a été accablé sous le nombre, lors qu'il est pourtant vrai que c'est un homme seul qui a tué Laïus & toute sa suite?

Pour comble de contradiction, Oedipe dit au second Acte, qu'il a oui dire que Laïus avoit été tué par des voyageurs, mais qu'il n'y a personne qui dise l'avoir vû ; & Jocaste au troisiéme Acte, en parlant de la mort de ce Roi, s'explique ainsi à Oedipe :

Soyés bien perſuadé, Seigneur, que celui qui accompagnoit Laïus a raporté que ſon maître avoit été aſſaſſiné par des voleurs ; il ne ſçauroit changer preſentement, ni parler d'une autre maniere, toute la ville l'a entendu comme moi.

Les Thebains auroient été bien à plaindre, ſi l'énigme du ſphinx n'avoit pas été plus aiſée à deviner que tout ce galimatias.

Mais ce qui eſt encore plus étonnant, ou plûtôt ce qui ne l'eſt point, aprés de telles fautes contre la vraiſemblance, c'eſt qu'Oedipe, lorsqu'il aprend que Phorbas vit encore, ne ſonge pas ſeulement à le faire chercher ; il s'amuſe à faire des imprecations & à conſulter les oracles, ſans donner ordre qu'on amene devant lui le ſeul homme qui pouvoit lui donner des lumieres. Le Chœur lui-même, qui eſt ſi intereſſé à voir finir les malheurs de Thebe, & qui donne toûjours des conſeils à Oedipe, ne lui donne pas celui d'interroger ce témoin de la mort du feu Roi ; il le prie ſeulement d'envoyer chercher Tireſie.

Enfin Phorbas arrive au quatriéme Acte. Ceux qui ne connoiſſent point Sophocle s'imaginent ſans doute qu'Oedipe, impatient de connoître le meurtrier de Laïus & de rendre la vie aux Thebains, va l'interroger avec empreſſement ſur la mort du feu Roi. Rien de tout cela. Sophocle oublie que la vangeance de la mort de Laïus eſt le ſujet de ſa Piece. On ne dit pas un mot à Phorbas de cette avanture, & la Tragedie finit ſans que Phorbas ait ſeulement ouvert la bouche ſur la mort du Roi ſon maître. Mais continuons à examiner de ſuite l'ouvrage de Sophocle.

Lorſque Creon a apris à Oedipe que Laïus a
été

été assassiné par des voleurs, qui n'étoient pas en petit, mais en grand nombre, Oedipe répond, au sens de plusieurs interpretes : *Comment des voleurs auroient-ils pû entreprendre cet attentat, puisque Laïus n'avoit point d'argent sur lui ?* La plûpart des autres scholiastes entendent autrement ce passage, & font dire à Oedipe : *Comment des voleurs auroient-ils pû entreprendre cet attentat, si on ne leur avoit donné de l'argent ?* Mais ce sens-là n'est gueres plus raisonnable que l'autre. On sçait que des voleurs n'ont pas besoin qu'on leur promette de l'argent pour les engager à faire un mauvais coup.

Eh puis qu'il dépend souvent des scholiastes de faire dire tout ce qu'ils veulent à leurs auteurs, que leur coûteroit-il de leur donner un peu de bon sens ?

Oedipe au commencement du second Acte, au lieu de mander Phorbas, fait venir devant lui Tiresie. Le Roi & le Devin commencent par se mettre en colere l'un contre l'autre. Tiresie finit par lui dire : *C'est vous qui êtes le meurtrier de Laïus ; vous vous croyés fils de Polibe Roi de Corinthe, vous ne l'êtes point, vous êtes Thebain. La malediction de votre pere & de votre mere vous ont autrefois éloigné de cette terre ; vous y êtes revenu, vous avés tué votre pere, vous avés épousé votre mere, vous êtes l'auteur d'un inceste & d'un parricide ; & si vous trouvés que je mente, dites que je ne suis pas Prophete.*

Tout cela ne ressemble gueres à l'ambiguité ordinaire des oracles. Il étoit difficile de s'expliquer moins obscurément : & si vous joignés aux paroles de Tiresie le reproche qu'un yvrogne a fait autrefois à Oedipe qu'il n'étoit pas fils de Polibe, & l'oracle d'Apollon qui lui prédit qu'il tueroit son père & qu'il épouseroit sa mere, vous trouverés que la Piece est entierement finie au commencement de ce second Acte.

Nouvelle preuve que Sophocle n'avoit pas perfectionné son art, puis qu'il ne sçavoit pas même preparer les évenemens, ni cacher sous le voile le plus mince la catastrophe de ses Pieces.

Allons plus loin. Oedipe traite *Tiresie de fou & de vieux enchanteur.* Cependant à moins que l'esprit ne lui ait tourné, il doit le regarder comme un veritable Prophete. Eh de quel étonnement & de quelle horreur ne doit-il point être frapé, en aprenant de la bouche de Tiresie tout ce qu'Apollon lui a prédit autrefois ? Quel retour ne doit-il point faire sur lui-même, en découvrant ce raport fatal qui se trouve entre les reproches qu'on lui a faits à Corinthe qu'il étoit un fils suposé, & les oracles de Thebe qui lui disent qu'il est Thebain ; entre Apollon qui lui a prédit qu'il épouseroit sa mere & qu'il tueroit son pere, & Tiresie qui lui aprend que ses destins affreux sont remplis ? Cependant, comme s'il avoit perdu la memoire de ces évenemens épouvantables, il ne lui vient d'autre idée que de soupçonner Creon, *son fidele & ancien ami,* (comme il l'apelle) d'avoir tué Laïus, & cela sans aucune raison, sans aucun fondement, sans que le moindre jour puisse autoriser ses soupçons, & (puis qu'il faut apeller les choses par leur nom) avec une extravagance dont il n'y a gueres d'exemples parmi les modernes, ni même parmi les anciens.

Quoi tu oses paroître devant moi, dit-il à Creon ? tu as l'audace d'entrer dans ce Palais, toi qui es assurément le meurtrier de Laïus, & qui as manifestement conspiré contre moi pour me ravir ma couronne ?

Voyons, dis-moy au nom des Dieux, as-tu remarqué en moi de la lâcheté ou de la folie, que tu ayes entrepris un si hardi dessein? N'est-ce pas la plus folle de toutes les entreprises, que d'aspirer à la royauté sans troupes & sans amis, comme si sans ce secours il étoit aisé de monter au trône?

Creon lui répond:

Vous changerés de sentiment si vous me donnés le tems de parler. Pensés-vous qu'il y ait un homme au monde qui préferât d'être Roi avec toutes les frayeurs & toutes les craintes qui accompagnent la royauté, à vivre dans le sein du repos avec toute la sûreté de l'état d'un particulier qui sous un autre nom possederoit la même puissance?

Un Prince qui seroit accusé d'avoir conspiré contre son Roi, & qui n'auroit d'autre preuve de son innocence que le verbiage de Creon, auroit besoin de la clemence de son maître.

Aprés tout ces grands discours étrangers au sujet, Creon demande à Oedipe:

Voulés vous me chasser du Royaume?

OEDIPE.

Ce n'est pas ton exil que je veux, je te condamne à la mort.

CREON.

Il faut que vous fassiés voir auparavant si je suis coupable.

OEDIPE.

Tu parles en homme resolu de ne pas obeïr.

CREON.

C'est parce que vous êtes injuste.

OEDIPE.

Je prens mes sûretés.

On avertit qu'on a suivi partout la traduction de M. Dacier.

CREON.
Je dois prendre aussi les miennes.
OEDIPE.
O Thebe, Thebe!
CREON.
Il m'est permis de cr er aussi : Thebe, Thebe.

Jocaste vient pendant ce beau discours, & le Chœur la prie d'emmener le Roi : proposition très-sage ; car après toutes les folies qu'Oedipe vient de faire, on ne feroit point mal de l'enfermer.

JOCASTE.
J'emmenerai mon mari quand j'aurai apris la cause de ce desordre.

LE CHOEUR.
Oedipe & Creon ont eu ensemble des paroles sur des raports fort incertains. On se pique souvent sur des soupçons très-injustes.

JOCASTE.
Cela est-il venu de l'un & de l'autre?

LE CHOEUR.
Oui, Madame.

JOCASTE.
Quelles paroles ont-ils donc eu?

LE CHOEUR.
C'est assés, Madame ; les Princes n'ont pas poussé la chose plus loin, & cela suffit.

Effectivement, comme si cela suffisoit, Jocaste n'en demande pas davantage au Chœur.

C'est dans cette Scene qu'Oedipe raconte à Jocaste, qu'un jour à table un homme yvre lui reprocha qu'il étoit un fils supposé. *J'allai*, continua-t il, *trouver le Roi & la Reine ; je les interrogeai sur ma naissance ; ils furent tous deux très-fachés du reproche qu'on m'avoit fait. Quoi-*

que je les aimasse avec beaucoup de tendresse, cette injure, qui étoit devenuë publique, ne laissa pas de me demeurer sur le cœur & de me donner des soupçons. Je partis donc à leur insçû pour aller à Delphes ; Apollon ne daigna pas répandre précisément à ma demande : mais il me dit les choses les plus affreuses & les plus épouvantables dont on ait jamais ouï parler : Que j'épouserois infailliblement ma propre mere ; que je ferois voir aux hommes une race malheureuse qui les rempliroit d'horreur ; & que je ferois le meurtrier de mon pere.

Voilà encore la Piece finie. On avoit prédit à Jocaste que son fils tremperoit ses mains dans le sang de Laïus, & porteroit ses crimes jusqu'au lit de sa mere. Elle avoit fait exposer ce fils sur le mont Citheron, & lui avoit fait percer les talons, (comme elle l'avouë dans cette même Scene.) Oedipe porte encore les cicatrices de cette blessure ; il sçait qu'on lui a reproché qu'il n'étoit point fils de Polibe : tout cela n'est-il pas pour Oedipe & pour Jocaste une démonstration de leurs malheurs, & n'y a-t-il pas un aveuglement ridicule à en douter ?

Je sçai que Jocaste ne dit point dans cette Scene qu'elle dût un jour épouser son fils : mais cela même est une nouvelle faute.

Car lors qu'Oedipe dit à Jocaste, *On m'a prédit que je soüillerois le lit de ma mere, & que mon pere seroit massacré par mes mains*, Jocaste doit répondre sur le champ : *On en avoit prédit autant à mon fils* ; ou du moins elle doit faire sentir au spectateur qu'elle est convaincuë dans ce moment de son malheur.

Tant d'ignorance dans Oedipe & dans Jocaste n'est qu'un artifice grossier du Poëte, qui, pour donner à sa Piece une juste étenduë, fait filer jusqu'au cinquiéme Acte une reconnoissance déja manifestée au second, & qui viole les regles du sens commun, pour ne point manquer en aparence à celles du Theatre.

Cette même faute subsiste dans tout le cours de la Piece. Cet Oedipe qui expliquoit les énigmes n'entend pas les choses les plus claires. Lorsque le pasteur de Corinthe lui aporte la nouvelle de la mort de Polibe, & qu'il lui aprend que Polibe n'étoit pas son pere ; qu'il a été exposé par un Thebain sur le mont Citheron ; que ses pieds avoient été percés & liés avec des courroies : Oedipe ne soupçonne rien encore. Il n'a d'autre crainte que d'être né d'une famille obscure : & le Chœur toûjours present dans le cours de la Piece à tout ce qui auroit dû instruire Oedipe de sa naissance ; le Chœur qu'on donne pour une assemblée de gens éclairés, montre aussi peu de penetration qu'Oedipe ; & dans le tems que les Thebains devroient être saisis de pitié & d'horreur à la vûë des malheurs dont ils sont témoins, ils s'écrient : *Si je puis juger de l'avenir, & si je ne me trompe dans mes conjectures, Citheron, le jour de demain ne se passera pas que vous ne nous fassiés connoître la patrie & la mere d'Oedipe, & que nous ne menions des danses en vôtre honneur, pour vous rendre graces du plaisir que vous aurés fait à nos Princes. Et vous, Prince, duquel des Dieux êtes-vous donc fils ? Quelle Nymphe vous a eu de Pan Dieu des montagnes ? Etes-vous le fruit des amours d'Apollon ? car Apollon se plaît aussi sur les montagnes. Est-ce Mercure ou Bacchus, qui se tient aussi sur les sommets des montagnes, &c ?*

Enfin celui qui a autrefois exposé Oedipe, arrive sur la Scene. Oedipe l'interroge sur sa naissance. Curiosité que M. Dacier condamne aprés

Var.

Plutarque, & qui me paroîtroit la seule chose raisonnable qu'Oedipe eût faite dans toute la Piece; si cette juste envie de se connoître n'étoit pas accompagnée d'une ignorance ridicule de lui-même.

Oedipe sçait donc enfin tout son sort au quatriéme Acte. Voilà donc encore la Piece finie.

Monsieur Dacier, qui a traduit l'Oedipe de Sophocle, prétend que le spectateur attend avec beaucoup d'impatience le parti que prendra Jocaste, & la maniere dont Oedipe accomplira sur lui-même les maledictions qu'il a prononcées contre le meurtrier de Laïus. J'avois été séduit là-dessus par le respect que j'ai pour ce sçavant homme, & j'étois de son sentiment lorsque je lûs sa traduction. La representation de ma Piece m'a bien détrompé, & j'ai reconnu qu'on peut sans peril louer tant qu'on veut les Poëtes Grecs, mais qu'il est dangereux de les imiter.

J'avois pris dans Sophocle une partie du recit de la mort de Jocaste & de la catastrophe d'Oedipe. J'ai senti que l'attention du spectateur diminuoit avec son plaisir au recit de cette catastrophe; les esprits remplis de terreur au moment de la reconnoissance n'écoutoient plus qu'avec dégoût la fin de la Piece. Peut-être que la mediocrité des vers en étoit la cause; peut-être le spectateur, à qui cette catastrophe est connuë, regrettoit de n'entendre rien de nouveau; peut-être aussi que la terreur ayant été poussée à son comble, il étoit impossible que le reste ne parût languissant. Quoi qu'il en soit, j'ai été obligé de retrancher ce recit, qui n'étoit pas de plus de quarante vers, & dans Sophocle il tient tout le cinquiéme Acte. Il y a grande aparence qu'on ne doit point passer à un ancien deux ou trois cent vers inutiles, lors qu'on n'en passe pas quarante à un Moderne.

Monsieur Dacier avertit dans ses notes que la Piece de Sophocle n'est point finie au quatriéme Acte. N'est-ce pas avoüer qu'elle est finie, que d'être obligé de prouver qu'elle ne l'est pas ? On ne se trouve pas dans la necessité de faire de pareilles notes sur les Tragedies de Racine & de Corneille ; il n'y a que les Horaces qui auroient besoin d'un tel commentaire : mais le cinquiéme Acte des Horaces n'en paroîtroit pas moins defectueux.

Je ne puis m'empêcher de parler ici d'un endroit de ce cinquiéme Acte, que Longin a admiré & que Despreaux a traduit.

Hymen, funeste hymen, tu m'as donné la vie :
Mais dans ces mêmes flancs où je fus renfermé,
Tu fais rentrer ce sang dont tu m'avois formé ;
Et par là tu produis & des fils & des peres,
Des freres, des maris, des femmes & des meres,
Et tout ce que du sort la maligne fureur
Fit jamais voir au jour & de honte & d'horreur.

Premierement, il falloit exprimer que c'est dans la même personne qu'on trouve ces meres & ces maris ; car il n'y a point de mariage qui ne produise de tout cela. En second lieu, on ne passeroit point aujourd'hui à Oedipe de faire une si curieuse recherche des circonstances de son crime, & d'en combiner ainsi toutes les horreurs ; tant d'exactitude à compter tous ses titres incestueux, loin d'ajoûter à l'atrocité de l'action, semble plûtôt l'affoiblir.

DE SOPHOCLE.

Ces deux vers de Corneille disent beaucoup plus.

Ce sont eux qui m'ont fait l'assassin de mon pere,
Ce sont eux qui m'ont fait le mari de ma mere.

Les vers de Sophocle sont d'un Declamateur, & ceux de Corneille sont d'un Poëte.

Vous voyés que dans la critique de l'Oedipe de Sophocle je ne me suis attaché à relever que les défauts qui sont de tous les tems & de tous les lieux ; les contradictions, les absurdités, les vaines declamations sont des fautes par tout païs.

Je ne suis point étonné que malgré tant d'imperfections Sophocle ait surpris l'admiration de son siecle. L'harmonie de ses vers, & le patetique qui regne dans son stile, ont pû seduire les Atheniens, qui avec tout leur esprit & toute leur politesse, ne pouvoient avoir une juste idée de la perfection d'un art qui étoit encore dans son enfance.

Sophocle touchoit au tems où la Tragedie fut inventée. Æschille contemporain de Sophocle étoit le premier qui s'étoit avisé de mettre plusieurs personnages sur la Scene. Nous sommes aussi touchés de l'ébauche la plus grossiere dans les premieres découvertes d'un art, que des beautés les plus achevées lorsque la perfection nous est une fois connuë. Ainsi Sophocle & Euripide, tout imparfaits qu'ils sont, ont autant reüssi chés les Atheniens que Corneille & Racine parmi nous. Nous devons nous-mêmes, en blâmant les Tragedies des Grecs, respecter le genie de leurs auteurs; leurs fautes sont sur le compte de leur siecle; leurs beautés n'apartiennent qu'à eux, & il est à croire que s'ils étoient nés de nos jours, ils auroient perfectionné l'art qu'ils ont presque inventé de leur tems.

Il est vrai qu'ils sont bien déchûs de cette haute estime où ils étoient autrefois ; leurs ouvrages sont aujourd'hui ou ignorés ou méprisés : mais je croi que cet oubli & ce mépris sont au nombre des injustices dont on peut accuser notre siecle ; leurs ouvrages meritent d'être lûs sans doute, & s'ils sont trop defectueux pour qu'on les aprouve, ils sont aussi trop pleins de beautés pour qu'on les méprise entierement.

Euripide surtout, qui me paroît si superieur à Sophocle, & qui seroit le plus grand des Poëtes s'il étoit né dans un temps plus éclairé, a laissé des ouvrages qui decelent un genie parfait malgré les imperfections de ses Tragedies.

Eh quelle idée ne doit-on point avoir d'un Poëte qui a prêté des sentimens à Racine même ? Les endroits que ce grand homme a traduits d'Euripide dans son inimitable Tragedie de Phedre, ne sont pas les moins beaux de son ouvrage.

Dieux, que ne suis-je assise à l'ombre des forêts ?
Quand pourrai-je, au travers d'une noble poussiere,
Suivre de l'œil un char fuyant dans la carriere ?
... Insensée, où suis-je, & qu'ai-je dit !
Où laissai-je égarer mes vœux & mon esprit !
Je l'ai perdu, les Dieux m'en ont ravi l'usage.
Oenone, la douleur me couvre le visage ;
Je te laisse trop voir mes honteuses douleurs,
Et mes yeux malgré moi se remplissent de pleurs, &c.

Presque toute cette Scene est traduite mot

pour mot d'Euripide. Il ne faut pas cependant que le Lecteur seduit par cette traduction s'imagine que la piece d'Euripide soit un bon ouvrage. Voila le seul bel endroit de sa Tragedie, & même le seul raisonnable ; car c'est le seul que Racine ait imité : & comme on ne s'avisera jamais d'aprouver l'Hipolite de Seneque, quoique Racine ait pris dans cet auteur toute la declaration de Phedre, aussi ne doit-on pas admirer l'Hipolite d'Euripide pour trente ou quarante vers qui se sont trouvés dignes d'être imités par le plus grand de nos Poëtes.

Moliere prenoit quelquefois des Scenes entieres dans Cirano de Bergerac, & disoit pour son excuse : *Cette Scene est bonne, elle m'apartient de droit, je reprens mon bien partout où je le retrouve.* Racine pouvoit à peu prés en dire autant d'Euripide.

Pour moi, aprés vous avoir dit bien du mal de Sophocle, je suis obligé de vous en dire le peu de bien que j'en sçai ; tout different en cela des médisans, qui commencent toûjours par louer un homme, & qui finissent par le rendre ridicule.

J'avouë que peut-être sans Sophocle je ne serois jamais venu à bout de mon Oedipe. Je lui dois l'idée de la premiere Scene de mon quatriéme Acte. Celle du grand Prêtre qui accuse le Roi est entierement de lui ; la Scene des deux vieillards lui appartient encore. Je voudrois lui avoir d'autres obligations, je les avouërois avec la même bonne foi. Il est vrai que comme je lui dois des beautés, je lui dois aussi des fautes, & j'en parlerai dans l'examen de ma Piece, où j'espere vous rendre compte des miennes.

O ij

QUATRIEME LETTRE,
QUI CONTIENT
LA CRITIQUE
DE L'OEDIPE DE CORNEILLE.

M.

Aprés vous avoir fait part de mes sentimens sur l'Oedipe de Sophocle, je vous dirai ce que je pense de celui de Corneille. Je respecte beaucoup plus sans doute ce Tragique François que le Grec; mais je respecte encore plus la verité, à qui je dois les premiers égards. Je croi même que quiconque ne sçait pas connoître les fautes des grands hommes, est incapable de sentir le prix de leurs perfections. J'ose donc critiquer l'Oedipe de Corneille, & je le ferai avec d'autant plus de liberté, que je ne crains point que vous me soupçonniés de jalousie, ni que vous me reprochiés de vouloir m'égaler à lui. C'est en l'admirant que je hazarde ma censure ; & je crois avoir une estime plus veritable pour ce fameux Poëte, que ceux qui jugent de l'Oedipe par le nom de l'auteur, & non par l'ouvrage même, & qui eussent méprisé dans tout autre ce qu'ils admirent dans l'auteur de Cinna.

Corneille sentit bien que la simplicité, ou plûtôt la secheresse de la Tragedie de Sophocle ne pouvoit fournir toute l'étendüe qu'exigent nos Pieces de Theatre. On se trompe fort lors qu'on pense que tous ces sujets, traités autrefois avec succés par Sophocle & par Euripide, l'*Oedipe*, le *Philoctete*, l'*Electre*, l'*Iphigenie en Tauride*, sont des sujets heureux & aisés à manier ; ce sont les plus ingrats & les plus impraticables ; ce sont des sujets d'une ou deux Scenes tout au plus, & non pas d'une Tragedie. Je sçai qu'on ne peut gueres voir sur le Theatre des évenemens plus affreux ni plus attendrissans, & c'est cela même qui rend le succés plus difficile. Il faut joindre à ces évenemens des passions qui les preparent : si ces passions sont trop fortes, elles étouffent le sujet ; si elles sont trop foibles, elles languissent. Il faloit que Corneille marchât entre ces deux extremités, & qu'il supleât par la fecondité de son genie à l'aridité de la matiere. Il choisit donc l'épisode de Thesée & de Dircé ; & quoique cet épisode ait été universellement condamné ; quoique Corneille eût pris dés long-tems la glorieuse habitude d'avouer ses fautes, il ne reconnut point celle-ci ; & parce que cet épisode étoit tout entier de son invention, il s'en aplaudit dans sa Preface : tant il est difficile aux plus grands hommes, & même aux plus modestes, de se sauver des illusions de l'amour propre.

Il faut avoüer que Thesée joüe un étrange rôle pour un Heros, au milieu des maux les plus horribles dont un peuple puisse être accablé. Il débute par dire que

Quelque ravage afreux qu'étale ici la peste,
L'absence aux vrais amans est encor plus funeste.

Et parlant dans la seconde Scene à Œdipe:

Il veut lui faire voir un beau feu dans son sein,
Et tâcher d'obtenir un aveu favorable,
Qui peut faire un heureux d'un amant misérable.
    Il est tout vrai, j'aime en votre Palais ;
Chés vous est la beauté qui fait tous mes souhaits ;
Vous l'aimés à l'égal d'Antigoné & d'Ismene.
Elle tient même rang chés vous & chés la Reine :
En un mot c'est leur sœur la Princesse Dircé,
Dont les yeux...

Oedipe répond :

    Quoi ses yeux, Prince, vous ont blessé ?
Je suis fâché pour vous que la Reine sa mere
Ait sçû vous prévenir pour un fils de son frere.
Ma parole est donnée ; & je n'y puis plus rien :
Mais je croi qu'après tout ses sœurs la valent bien.

        THESE'E.

Antigone est parfaite, Ismene est admirable ;
Dircé si vous voulés n'a rien de comparable ;
Elles sont l'une & l'autre un chef-d'œuvre des Cieux :
Mais...
Ce n'est pas offenser deux si charmantes sœurs,
Que voir en leur aînée aussi quelques douceurs.

    Cependant l'ombre de Laïus demande un Prince ou une Princesse de son sang pour victime ; Dircé, seul reste du sang de ce Roi, est prête à s'immoler sur le tombeau de son pere. Thesée qui veut mourir pour elle, lui fait accroire qu'il est son frere, & ne laisse pas de lui parler d'amour, malgré la nouvelle parenté.

J'ai mêmes yeux encore, & vous mêmes apas ;
Mon cœur n'écoute point ce que le sang veut dire,
C'est d'amour qu'il gemit, c'est d'amour qu'il soû-
    pire ;
Et pour pouvoir sans crime en goûter la douceur,
Il se revolte exprés contre le nom de sœur.

Cependant, qui le croiroit ! Thesée dans cette même Scene se lasse de son stratagême. Il ne peut plus soûtenir davantage le personnage de frere ; & sans attendre que le veritable frere de Dircé soit connu, il lui avouë toute la feinte, & la remet par là dans le peril dont il vouloit la tirer, en lui disant pourtant :

Que l'amour pour défendre une si chere vie,
Peut faire vanité d'un peu de tromperie.

Enfin lors qu'Oedipe reconnoît qu'il est le meurtrier de Laïus, Thesée, au lieu de plaindre ce malheureux Roi, lui propose un duel pour le lendemain ; il épouse Dircé à la fin de la Piece, & ainsi la passion de Thesée fait tout le sujet de la Tragedie, & les malheurs d'Oedipe n'en sont que l'épisode.

Dircé, personnage plus defectueux que Thesée, passe tout son tems à dire des injures à Oedipe & à sa mere ; elle dit à Jocaste sans détour qu'elle est indigne de vivre.

Votre second hymen put avoir d'autres causes ;

Mais j'oserai vous dire, à bien juger des choses,
Que pour avoir puisé la vie en votre flanc,
J'y dois avoir succé fort peu de votre sang.
Celui du grand Laïus dont je m'y suis formée,
Trouve bien qu'il est doux d'aimer & d'être aimée:
Mais il ne trouve pas qu'on soit digne du jour,
Lors qu'aux soins de sa gloire on prefere l'amour.

Il est étonnant que Corneille, qui a senti ce défaut, ne l'ait connu que pour l'excuser. *Ce manque de respect,* dit-il, *de Dircé envers sa mere ne peut être une faute de Theatre, puisque nous ne sommes pas obligés de rendre parfaits ceux que nous y faisons voir.* Non sans doute, on n'est pas obligé de faire des gens de bien de tous ses personnages : mais les bienseances exigent du moins qu'une Princesse qui a assés de vertu pour vouloir sauver son peuple aux dépens de sa vie, en ait assés pour ne point dire des injures atroces à sa mere.

Pour Jocaste, dont le rôle devroit être interessant, puis qu'elle partage tous les malheurs d'Oedipe, elle n'en est pas même le témoin ; elle ne paroît point au cinquième Acte, lors qu'Oedipe aprend qu'il est son fils : en un mot, c'est un personnage absolument inutile, qui ne sert qu'à raisonner avec Theseé, & à excuser les insolences de sa fille, qui agit, dit-elle,

En amante à bon titre, en Princesse avisée.

Finissons par examiner le rôle d'Oedipe, & avec lui la contexture du Poëme.

Il commence par vouloir marier une de ses filles,

filles, avant de s'attendrir sur les malheurs des [IVar.]
Thebains; bien plus condamnable en cela que
Theſée, qui n'étant point chargé comme lui du ſa-
lut de tout ce peuple, peut ſans crime écouter ſa
paſſion.

Cependant comme il faloit bien dire au premier Acte quelque choſe du ſujet de la piece, on
en touche un mot dans la cinquiéme Scene. Oedipe ſoupçonne que les Dieux ſont irritez contre
les Thebains, parce que Jocaſte avoit autrefois
fait expoſer ſon fils, & trompé par là les oracles
des Dieux, qui prédiſoient que ce fils tuëroit ſon
pere & épouſeroit ſa mere.

Il me ſemble qu'il doit croire plûtôt que les
Dieux ſont ſatisfaits que Jocaſte ait étouffé un
monſtre au berceau; & vrai-ſemblablement ils
n'ont prédit les crimes de ce fils, qu'afin qu'on
l'empêchât de les commettre.

Jocaſte ſoupçonne avec auſſi peu de fondement
que les Dieux puniſſent les Thebains de n'avoir
pas vangé la mort de Laïus; elle prétend qu'on
n'a jamais pû vanger cette mort. Comment donc
peut-elle croire que les Dieux la puniſſent de n'a-
voir pas fait l'impoſſible ?

Avec moins de fondement encore Oedipe répond :

Pourrions-nous en punir des brigans inconnus,
Que peut-être jamais en ces lieux on n'a vû ?
Si vous m'avez dit vrai, peut-être ai-je moi-même
Sur trois de ces brigans vangé le diadême, &c.

Au lieu même, au tems même attaqué ſeul par trois,
J'en laiſſai deux ſans vie, & mis l'autre aux abois.

P

Oedipe n'a aucune raison de croire que ces trois voyageurs fussent des brigans, puisqu'au quatriéme Acte, lorsque Phorbas paroît devant lui, il lui dit :

Et tu fus un des trois que je fçû arrêter
Dans ce paffage étroit qu'il falut difputer.

S'il les a arrêtés lui-même, & s'il ne les a combattus que parce qu'ils ne vouloient pas lui ceder le pas, il n'a point dû les prendre pour des voleurs, qui font ordinairement très-peu de cas des ceremonies, & qui fongent plûtôt à détrouffer les gens, qu'à leur difputer le haut du pavé.

Mais il me femble qu'il y a dans cet endroit une faute encore plus grande. Oedipe avouë à Jocafte qu'il s'eft battu contre trois inconnus au tems même & au lieu même où Laïus a été tué. Jocafte fçait que Laïus n'avoit avec lui que deux compagnons de voyage. Ne devroit-elle donc pas foupçonner que Laïus eft peut-être mort de la main d'Oedipe ? Cependant elle ne fait nulle attention à cet aveu ; & de peur que la piece ne finiffe au premier Acte, elle ferme les yeux fur les lumieres qu'Oedipe lui donne, & jufqu'à la fin du quatriéme Acte il n'eft pas dit un mot de la mort de Laïus, qui pourtant eft le fujet de la Piece. Les amours de Thefée & de Dircé occupent toute la Scene.

C'eft au quatriéme Acte qu'Oedipe, en voyant Phorbas, s'écrie :

C'eft un de mes brigans à la mort échapé,
Madame, & vous pouvez lui choifir des fupplices ;
S'il n'a tué Laius, il fut un des complices.

Pourquoi prendre Phorbas pour un brigand ? & pourquoi affirmer avec tant de certitude qu'il est complice de la mort de Laïus ? Il me paroît que l'Oedipe de Corneille accuse Phorbas avec autant de legereté que l'Oedipe de Sophocle accuse Créon.

Je ne parle point de l'acte gigantesque d'Oedipe qui tuë trois hommes tout seul dans Corneille, & qui en tuë sept dans Sophocle. Mais il est bien étrange qu'Oedipe se souvienne après seize ans de tous les traits de ces trois hommes ; que l'un avoit le poil noir, la mine assez farouche, le front cicatrisé, & le regard un peu louche ; que l'autre avoit le teint frais & l'œil perçant, qu'il étoit chauve sur le devant, & mêlé sur le derriere. Et pour rendre la chose encore moins vrai-semblable, il ajoûte :

On en peut voir en moi la taille & quelques traits.

Ce n'étoit point à Oedipe à parler de cette ressemblance ; c'étoit à Jocaste, qui ayant vécu avec l'un & avec l'autre, pouvoit en être bien mieux informée qu'Oedipe, qui n'a jamais vû Laïus qu'un moment en sa vie. Voilà comme Sophocle a traité cet endroit : mais il faloit que Corneille ou n'eût point lû du tout Sophocle, ou le méprisât beaucoup, puisqu'il n'a rien emprunté de lui, ni beautés, ni défauts.

Cependant comment se peut-il faire qu'Oedipe ait seul tué Laïus, & que Phorbas, qui a été blessé à côté de ce Roy, dise pourtant qu'il a été tué par des voleurs ? Il étoit difficile de concilier cette contradiction, & Jocaste pour toute réponse dit que

C'est un conte

Dont Phorbas au retour voulut cacher sa honte.

Cette petite tromperie de Phorbas devoit-elle être le nœud de la Tragédie d'Oedipe ? Il s'est pourtant trouvé des gens qui ont admiré cette puerilité ; & un homme distingué à la Cour par son esprit m'a dit que c'étoit là le plus bel endroit de Corneille.

Au cinquiéme Acte Oedipe, honteux d'avoir épousé la veuve d'un Roy qu'il a massacré, dit qu'il veut se bannir & retourner à Corinthe ; & cependant il envoye chercher Thesée & Dircé,

Pour lire dans leur ame
S'ils prêteroient la main à quelque sourde trame.

Et que lui importent les sourdes trames de Dircé, & les prétentions de cette Princesse sur une couronne à laquelle il renonce pour jamais ?

Enfin il me paroît qu'Oedipe aprend avec trop de froideur son affreuse avanture. Je sçai qu'il n'est point coupable, & que sa vertu peut le consoler d'un crime involontaire: mais s'il a assez de fermeté dans l'esprit pour sentir qu'il n'est que malheureux, doit-il se punir de son malheur ? & s'il est assez furieux & assez desesperé pour se crever les yeux, doit-il estre assez froid pour dire à Dircé dans un moment si terrible ?

Votre frere est connu, vous le sçavez, Madame,
Votre amour pour Thesée est dans un plein repos.
Helas qu'on dit bien vrai, qu'en vain on s'imagine
Dérober notre vie à ce qu'il nous destine.

DE CORNEILLE.

Doit-il rester sur le Theatre à debiter plus de quatre vingt vers avec Dircé & Thesée ? qui sont deux étrangers pour lui, tandis que Jocaste sa femme & sa mere ne sçait encore rien de son avanture, & ne paroît pas même sur la Scene.

Voilà à peu près les principaux défauts que j'ai crû apercevoir dans l'Oedipe de Corneille. Je m'abuse peut-être : mais je parle de ses fautes avec la même sincerité que j'admire les beautés qui y sont répandues ; & quoique les beaux morceaux de cette Piece me paroissent trés inferieurs aux grands traits de ses autres Tragedies, je desespere pourtant de les égaler jamais : car ce grand homme est toûjours au-dessus des autres, lors même qu'il n'est pas entierement égal à lui-même.

Je ne parle point de la versification ; on sçait qu'il n'a jamais fait de vers si foibles & si indignes de la Tragedie. En effet, Corneille ne connoissoit gueres la mediocrité, & il tomboit dans le bas avec la même facilité qu'il s'élevoit au sublime.

J'espere que vous me pardonnerez, M. la temerité avec laquelle je parle ; si pourtant c'en est une de trouver mauvais ce qui est mauvais, & de respecter le nom de l'Auteur sans en être l'esclave.

Et quelles fautes voudroit on que l'on relevât ? Seroit-ce celles des Auteurs mediocres dont on ignore tout jusqu'aux défauts ? C'est sur les imperfections des grands hommes qu'il faut attacher la critique ; car si le préjugé nous faisoit admirer leurs fautes, bientôt nous les imiterions, & il se trouveroit peut-être que nous n'aurions pris de ces celebres Ecrivains que l'exemple de mal faire.

CINQUIÈME LETTRE,
QUI CONTIENT
LA CRITIQUE
DU NOUVEL OEDIPE.

M Me voilà enfin parvenu à la partie de ma dissertation la plus aisée, c'est-à-dire, à la critique de mon ouvrage ; & pour ne point perdre de tems, je commencerai par le premier défaut, qui est celui du sujet. Régulierement, la Piece d'Oedipe devroit finir au premier Acte. Il n'est pas naturel qu'Oedipe ignore comment son prédecesseur est mort. Sophocle ne s'est point mis du tout en peine de corriger cette faute. Corneille en voulant la sauver a fait encore plus mal que Sophocle, & je n'ai pas mieux réüssi qu'eux. Oedipe chez moi parle ainsi à Jocaste ;

On m'avoit toûjours dit que ce fut un Thebain
Qui leva sur son Prince une coupable main.
Pour moi qui sur son Trône élevé par vous-même,
Deux ans après sa mort ait ceint son diadême,

Madame jusqu'ici respectant vos douleurs,
Je n'ai point rappellé le sujet de vos pleurs,
Et de vos seuls périls chaque jour alarmée,
Mon ame d'autres soins sembloit être fermée.

Ce compliment ne me paroît point une excuse valable de l'ignorance d'Oedipe. La crainte de déplaire à sa femme en lui parlant de la mort de son premier mari, ne doit point du tout l'empêcher de s'informer des circonstances de la mort de son prédecesseur. C'est avoir trop de discretion, & trop peu de curiosité ; il ne lui est pas permis non plus de ne point sçavoir l'histoire de Phorbas. Un Ministre d'Etat ne sçauroit jamais être un homme assez obscur pour être en prison plusieurs années sans qu'on n'en sçache rien. Jocaste a beau dire :

Dans un château voisin conduit secrettement,
Je derobai sa tête à leur emportement.

On voit bien que ces deux vers ne sont mis que pour prévenir la critique ; c'est une faute qu'on tâche de déguiser, mais qui n'en est pas moins faute.

Voici un défaut plus considerable, qui n'est pas du sujet, & dont je suis seul responsable. C'est le personnage de Philotecte. Il semble qu'il ne soit venu en Thebe que pour y être accusé ; encore est-il soupçonné peut-être un peu legerement. Il arrive au premier Acte, & s'en retourne au troisiéme. On ne parle de lui que dans les trois premiers Actes, & on n'en dit pas un seul mot dans les deux derniers. Il contribue un peu au nœud de la Piece, & le dénoûment se fait absolument sans lui : ainsi il paroît que ce sont deux Tragedies, dont l'une roule sur Philotecte, & l'autre sur Oedipe.

J'ai voulu donner à Philotecte le caractere d'un Heros, & j'ai bien peur d'avoir poussé la grandeur d'ame jusqu'à la fanfaronade. Heureusement j'ai lû dans Madame Dacier, qu'un homme peut parler avantageusement de soi lorsqu'il est calomnié : voilà le cas où se trouve Philotecte. Il est réduit par la calomnie à la necessité de dire du bien de lui-même. Dans une autre occasion j'aurois tâché de lui donner plus de politesse que de fierté; & s'il s'étoit trouvé dans les mêmes circonstances que Sertorius & Pompée, j'aurois pris la conversation heroïque de ces deux grands hommes pour modele, quoique je n'eusse pas espéré de l'atteindre. Mais comme il est dans la situation de Nicomede, j'ai crû devoir le faire parler à peu près comme ce jeune Prince ; & qu'il lui étoit permis de dire, *un homme tel que moi*, lorsqu'on l'outrage. Quelques personnes s'imaginent que Philotete étoit un pauvre Ecuyer d'Hercule, qui n'avoit d'autre merite que d'avoir porté ses flêches, & qui veut s'égaler à son maître, dont il parle toûjours. Cependant il est certain que Philotecte étoit un Prince de la Grece fameux par ses exploits, compagnon d'Hercule, & de qui même les Dieux avoient fait dépendre le destin de Troye. Je ne sçai si je n'en ai point fait en quelques endroits un fanfaron, mais il est certain que c'étoit un Heros.

Pour l'ignorance où il est en arrivant sur les affaires des Thebes, je ne la trouve pas moins condamnable que celle d'Oedipe. Le mont Oeta où il avoit vû mourir Hercule n'étoit pas si éloigné de Thebe, qu'il ne pût sçavoir aisément ce qui se passoit dans cette ville. Heureusement cette ignorance vicieuse de Philotecte m'a fourni une exposition

DU NOUVEL OEDIPE.

sition de sujet qui m'a paru assés bien reçûe ; & c'est ce qui me persuade que les beautés d'un ouvrage naissent quelquefois d'un défaut.

Dans presque toutes les Tragedies on tombe dans un écueil tout contraire. L'exposition du sujet se fait ordinairement à un personnage qui en est aussi bien informé que celui qui lui parle. On est obligé pour mettre les auditeurs au fait, de faire dire aux principaux Acteurs ce qu'ils ont dû vraisemblablement déja dire mille fois. Le point de perfection seroit de combiner tellement les évenemens, que l'Acteur qui parle n'eût jamais dû dire ce qu'on met dans sa bouche que dans le tems même où il le dit. Telle est, entr'autres exemples de cette perfection, la premiere Scene de la Tragedie de Bajazet. Acomat ne peut être instruit de ce qui se passe dans l'armée, Osmin ne peut sçavoir de nouvelles du Serrail. Ils se font l'un à l'autre des confidences reciproques, qui instruisent & qui interessent également le spectateur : & l'artifice de cette exposition est conduit avec un ménagement dont je croi que Racine seul étoit capable.

Il est vrai qu'il y a des sujets de Tragedie où on est tellement gêné par la bizarrérie des évenemens, qu'il est presque impossible de reduire l'exposition de sa Piece à ce point de sagesse & de vraisemblance. Je croi, pour mon honneur, que le sujet d'Oedipe est de ce genre ; & il me semble que lors qu'on se trouve si peu maître du terrain, il faut toûjours songer à être interessant plûtôt qu'exact ; car le spectateur pardonne tout hors la langueur, & lors qu'il est une fois ému, il examine rarement s'il a raison de l'être.

A l'égard de l'amour de Jocaste & de Philoctete, j'ose encore dire que c'est un défaut neces-

Q

faire ; le sujet ne me fournissoit rien par lui-même pour remplir les trois premiers Actes. A peine même avois-je de la matiere pour les deux derniers. Ceux qui connoissent le Théatre, c'est à dire ceux qui sentent les difficultés de la composition aussi bien que les fautes, conviendront de ce que je dis. Il faut toûjours donner des passions aux principaux personnages. Eh quel rôle insipide auroit joué Jocaste ? si elle n'avoit eu du moins le souvenir d'un amour legitime, & si elle n'avoit craint pour les jours d'un homme qu'elle avoit autrefois aimé.

Il est surprenant que Philoctete aime encore Jocaste après une si longue absence : il ressemble assés aux Chevaliers errans, dont la profession étoit d'être toûjours fideles à leurs maîtresses. Mais je ne puis être de l'avis de ceux qui trouvent Jocaste trop âgée pour faire naître encore des passions ; elle a pû être mariée si jeune, & il est si souvent repeté dans la Piece qu'Oedipe est dans une grande jeunesse, que sans trop presser les tems, il est aisé de voir qu'elle n'a pas plus de trente-cinq ans. Les femmes seroient bien malheureuses si on n'inspiroit plus de sentimens à cet âge.

Je veux que Jocaste ait plus de soixante ans dans Sophocle & dans Corneille. La construction de leur fable n'est pas une regle pour la mienne : je ne suis pas obligé d'adopter leurs fictions ; & s'il leur a été permis de faire revivre dans plusieurs de leurs Pieces des personnes mortes depuis long-tems, & d'en faire mourir d'autres qui étoient encore vivantes, on doit bien me passer d'ôter à Jocaste quelques années.

Mais je m'aperçois que je fais l'apologie de ma Piece, au lieu de la critique que j'en avois promise. Revenons vîte à la censure.

Le troisiéme Acte n'est point fini ; on ne sçait pourquoi les Acteurs sortent de la Scene. Oedipe dit à Jocaste :

Suivés mes pas, rentrons, il faut que j'éclaircisse
Un soupçon que je forme avec trop de justice.
    Suivés-moi,
Et venés dissiper ou combler mon effroi.

Mais il n'y a pas de raison pour éclaircir son doute plûtôt derriere le Theatre que sur la Scene : aussi Oedipe, aprés avoir dit à Jocaste de le suivre, revient avec elle le moment d'aprés, & il n'y a nulle distinction entre le troisiéme & le quatriéme Acte, que le coup d'archet qui les separe.

La premiere Scene du quatriéme Acte est celle qui a le plus reüssi : mais je ne me reproche pas moins d'avoir fait dire dans cette Scene à Jocaste & à Oedipe tout ce qu'ils avoient dû s'aprendre depuis long-tems. L'intrigue n'est fondée que sur une igorance bien peu vraisemblable. J'ai été obligé de recourir à un miracle pour couvrir ce défaut du sujet ; je mets dans la bouche d'Oedipe :

Enfin je me souviens qu'aux champs de la Phocide,
(Et je ne conçois pas par quel enchantement
J'oubliois jusqu'ici ce grand évenement ;
La main des Dieux sur moi si long-tems suspenduë
Semble ôter le bandeau qu'ils mettoient sur ma vûë)
Dans un chemin étroit je trouvai deux gueriers, &c.

Il est manifeste que c'étoit au premier Acte qu'-

Oedipe devoit raconter cette avanture de la Phocide ; car dés qu'il aprend par la bouche du grand Prêtre que les Dieux demandent la punition du meurtrier de Laïus, son devoir est de s'informer scrupuleusement & sans délai de toutes les circonstances de ce meurtre. On doit lui répondre que Laïus a été tué en Phocide, dans un chemin étroit, par deux étrangers ; & lui qui sçait que dans ce tems-là même il s'est battu contre deux étrangers en Phocide, doit soupçonner dés ce moment que Laïus a été tué de sa main. Il est triste d'être obligé, pour cacher cette faute, de supposer que la vangeance des Dieux ôte dans un tems la memoire à Oedipe, & la lui rend dans un autre.

La Scene suivante d'Odipe & de Phorbas me paroît bien moins interessante chés moi que dans Corneille. Oedipe dans ma Piece est déja instruit de son malheur avant que Phorbas acheve de l'en persuader. Phorbas ne laisse l'esprit du spectateur dans aucune incertitude, il ne lui inspire aucune surprise, & ainsi il ne doit point l'interesser : au contraire dans Corneille Oedipe, loin de se douter d'être le meurtrier de Laïus, croit en être le vangeur, & il se convainc lui-même en voulant convaincre Phorbas. Cet artifice de Corneille seroit admirable, si Oedipe avoit quelque lieu de croire que Phorbas est coupable, & si le nœud de la Piece n'étoit pas fondé sur un mensonge puerile.

C'est un conte
Dont Phorbas au retour voulut cacher sa honte.

Je ne pousserai pas plus loin la critique de mon ouvrage ; il me semble que j'en ai reconnu les défauts les plus importans. On ne doit pas en exiger davantage d'un Auteur, & peut-être un censeur

DU NOUVEL OEDIPE.

ne m'auroit-il pas plus maltraité. Si on me demande pourquoi je n'ai pas corrigé ce que je condamne, je répondrai qu'il y a souvent dans un ouvrage des défauts qu'on est obligé de laisser malgré soi ; & d'ailleurs il y a peut-être autant d'honneur à avouer ses fautes qu'à les corriger. J'ajoûterai encore que j'en ai ôté autant qu'il en reste. Chaque représentation de mon Oedipe étoit pour moi un examen severe, où je recueillois les suffrages & les censures du public, & j'étudiois son goût pour former le mien. Il faut que j'avoue que Monseigneur le Prince de Conty est celui qui m'a fait les critiques les plus judicieuses & les plus fines. S'il n'étoit qu'un particulier, je me contenterois d'admirer son discernement : mais puis qu'il est élevé au-dessus des autres par son rang autant que par son esprit, j'ose ici le supplier d'accorder sa protection aux belles Lettres, dont il a tant de connoissance.

J'oubliois de dire que j'ai pris deux vers dans l'Oedipe de Corneille. L'un est au premier Acte ;

Ce monstre à voix humaine, aigle, femme & lion.

L'autre est au dernier Acte. C'est une traduction de Séneque : *Nec vivis mistus, nec sepultis.*

Et le sort qui l'accable
Des morts & des vivans semble le séparer.

Je n'ai point fait scrupule de voler ces deux vers ; parce qu'ayant precisément la même chose à dire que Corneille, il m'étoit impossible de l'exprimer mieux, & j'ai mieux aimé donner deux bons vers de lui, que d'en donner deux mauvais de moi.

Il me reste à parler de quelques rimes que j'ai hazardées dans ma Tragedie. J'ai fait rimer *frein* à *rien*; *haros* à *tombeaux*; *contagion* à *poison*, &c. Je ne défens point ces rimes parce que je les ai employées : mais je ne m'en suis servi que parce que je les ai crû bonnes. Je ne puis souffrir qu'on sacrifie à la richesse de la rime toutes les autres beautés de la Poësie, & qu'on cherche plûtôt à plaire à l'oreille qu'au cœur & à l'esprit. On pousse même la tirannie jusqu'à exiger qu'on rime pour les yeux encore plus que pour les oreilles. *Je ferois*, *j'aimerois*, &c. ne se prononcent point autrement que *traits* & *attraits* : cependant on pretend que ces mots ne riment point ensemble, parce qu'un mauvais usage veut qu'on les écrive differemment. M. Racine avoit mis dans son Andromaque :

M'en croirés-vous ? lassé de ses trompeurs attraits,
Au lieu de l'enlever, Seigneur, je la fuirois.

Le scrupule lui prit, & il ôta la rime *fuirois*, qui me paroît (à ne consulter que l'oreille) beaucoup plus juste que celle de *jamais*, qu'il lui substitua.

La bizarrerie de l'usage, ou plûtôt des hommes qui l'établissent, est étrange sur ce sujet comme sur bien d'autres. On permet que le mot *abhorre* qui a deux *r*, rime avec *encore*, qui n'en a qu'une. Par la même raison *tonnerre* & *terre* devroient rimer avec *pere* & *mere* : cependant on ne le souffre pas, & personne ne reclame contre cette injustice.

Il me paroit que la Poësie françoise y gagneroit beaucoup, si on vouloit secouer le joug de cet usage déraisonnable & tirannique. Donner

DU NOUVEL OEDIPE.

aux Auteurs de nouvelles rimes, ce seroit leur donner de nouvelles pensées ; car l'assujetissement à la rime fait que souvent on ne trouve dans la langue qu'un seul mot qui puisse finir un vers : on ne dit presque jamais ce qu'on vouloit dire ; on ne peut se servir du mot propre ; on est obligé de chercher une pensée pour la rime, parce qu'on ne peut trouver de rime pour exprimer ce qu'on pense. C'est à cet esclavage qu'il faut imputer plusieurs improprietés qu'on est choqué de rencontrer dans nos Poëtes les plus exacts. Les Auteurs sentent encore mieux que les lecteurs la dureté de cette contrainte, & ils n'osent s'en affranchir.

Pour moi, dont l'exemple ne tire point à consequence, j'ai tâché de regagner un peu de liberté ; & si la Poësie occupe encore mon loisir, je prefererai toûjours les choses aux mots, & la pensée à la rime.

SIXIEME LETTRE,
QUI CONTIENT
UNE DISSERTATION
SUR LES CHOEURS.

M.

Il ne me reste plus qu'à parler du Chœur que j'introduis dans ma Piece. J'en ai fait un personnage qui paroît à son rang comme les autres Acteurs, & qui se montre quelquefois sans parler, seulement pour jetter plus d'interêt dans la Scene, & pour ajoûter plus de pompe au spectacle.

Comme on croit d'ordinaire que la route qu'on a tenuë étoit la seule qu'on devoit prendre, je m'imagine que la maniere dont j'ai hazardé les Chœurs, est la seule qui pouvoit reüssir parmi nous.

Chés les anciens le Chœur remplissoit l'intervale des Actes, & paroissoit toûjours sur la Scene. Il y avoit à cela plus d'un inconvenient ; car ou il parloit dans les entr'Actes de ce qui s'étoit passé dans les Actes precedens, & c'étoit une repetition fatigante; ou il prévenoit ce qui devoit arriver dans les

SUR LES CHOEURS.

les Actes suivans, & c'étoit une annonce qui pouvoit dérober le plaisir de la surprise ; ou enfin il étoit étranger au sujet, & par consequent il devoit ennuyer.

La presence continuelle du Chœur dans la Tragedie me paroît encore plus impraticable : l'intrigue d'une Piece interessante exige d'ordinaire que les principaux Acteurs ayent des secrets à se confier. Eh le moyen de dire son secret à tout un peuple ? C'est une chose plaisante de voir Phedre dans Euridipe avoüer à une troupe de femmes un amour incestueux, qu'elle doit craindre de s'avoüer à elle-même. On demandera peut-être comment les anciens pouvoient conserver si scrupuleusement un usage si sujet au ridicule ; c'est qu'ils étoient persuadez que le Chœur étoit la baze & le fondement de la Tragedie. Voilà bien les hommes ! qui prennent presque toûjours l'origine d'une chose pour l'essence de la chose même. Les anciens sçavoient que ce spectacle avoit commencé par une troupe de paysans yvres qui chantoient les loüanges de Bacchus, & ils vouloient que le Theatre fût toûjours rempli d'une troupe d'Acteurs, qui en chantant les loüanges des Dieux rapellassent l'idée que le peuple avoit de l'origine de la Tragedie. Long-tems même le Poëme Dramatique ne fut qu'un simple Chœur, & les personnages qu'on y ajoûta depuis ne furent regardez que comme des épisodes; & il y a encore aujourd'huy des Sçavans qui ont le courage d'assurer que nous n'avons aucune idée de la veritable Tragedie, depuis que nous avons banni les Chœurs ; c'est comme si on vouloit que nous missions Paris, Londres & Madrid sur le Theatre, parce que nos peres en usoient ainsi lorsque la Comedie fut établie en France.

M. Racine, qui a introduit des Chœurs dans Athalie & dans Esther, s'y est pris avec plus de

R

précaution que les Grecs ; il ne les a gueres fait paroître que dans les entre'Actes ; encore a-t-il eu bien de la peine à le faire avec la vraisemblance qu'exige toûjours l'art de Theatre.

A quel propos faire chanter une troupe de Juives lors qu'Esther a raconté ses avantures à Élise ? Il faut necessairement, pour amener cette musique, qu'Esther leur ordonne de lui chanter quelque air: *Mes filles, chantez-nous quelqu'un de ces cantiques.*

Je ne parle pas du bizarre assortiment du chant & de la déclamation dans une même Scene : mais du moins il faut avoüer que des moralitez mises en musique doivent paroître bien froides après ces dialogues pleins de passions qui font le caractere de la Tragedie. Un Chœur seroit bien mal venu après la declaration de Phedre, ou après la conversation de Severe & de Pauline.

Je croirai donc toûjours, jusqu'à ce que l'évenement me détrompe, qu'on ne peut hazarder le Chœur dans une Tragedie, qu'avec la précaution de l'introduire à son rang, & seulement lors qu'il est necessaire pour l'ornement de la Scene : encore n'y a-t-il que très-peu de sujets où cette nouveauté puisse être reçûë. Le Chœur seroit absolument déplacé dans Bajazet, dans Mitridate, dans Britannicus, & generalement dans toutes les Pieces dont l'intrigue n'est fondée que sur les interêts de quelques particuliers ; il ne peut convenir qu'à des Pieces où il s'agit du salut de tout un peuple. Les Thebains sont les premiers interessés dans le sujet de ma Tragedie ; c'est de leur mort, ou de leur vie dont il s'agit, & il ne paroît hors des bienseances de faire paroître quelquefois sur la Scene ceux qui ont le plus d'interêt de s'y trouver.

LETTRE VII.

A l'occasion de plusieurs Critiques qu'on a faites d'Oedipe.

M
On vient de me montrer une *Critique de mon Oedipe, qui je croi sera imprimée, avant que cette seconde édition puisse paroître, J'ignore quel est l'Auteur de cet ouvrage. Je suis fâché qu'il me prive du plaisir de le remercier des éloges qu'il me donne avec bonté, & des critiques qu'il fait de mes fautes avec autant de discernement que de politesse.

J'avois déja reconnu dans l'examen que j'ai fait de ma Tragedie une bonne partie des défauts que l'Observateur releve ; mais je me suis apperçû, qu'un Auteur s'épargne toûjours quand il se critique lui-même, & que le Censeur* veille lorsque l'Auteur s'endort, Celui qui me critique a vû sans doute mes fautes d'un œil plus éclairé que moi. Cependant je ne sçai, si comme j'ai été un peu trop indulgent, il n'est pas quelquefois un peu trop severe. Son ouvrage m'a confirmé dans l'opinion où je suis que le sujet d'Oedipe est un des

---

*C'est celle qui est imprimée chez Mongé, & qui commence par (Je vous quittai Vendredi dernier, &c.)

plus difficiles qu'on ait jamais mis au Théatre; mon Censeur me propose un plan sur lequel il voudroit que j'eusse composé ma piece ; c'est au public à en juger. Mais je suis persuadé que si j'avois travaillé sur le modele qu'il me presente, on ne m'auroit pas fait même l'honneur de me critiquer.

J'avoue qu'en substituant, comme il le veut, *Creon* à *Philoctete* j'aurois peut-être donné plus d'exactitude à mon ouvrage; mais Creon auroit été un personnage bien froid, & j'aurois trouvé par là le secret d'être à la fois ennuyeux & irreprehensible.

On m'a parlé de quelques autres Critiques. Ceux qui se donnent la peine de les faire me feront toûjours beaucoup d'honneur, & même de plaisir, quand ils daigneront me les montrer. Si je ne puis à present profiter de leurs observations, elles m'éclaireront du moins pour les premiers ouvrages que je pourrai composer, & me feront marcher d'un pas plus sûr dans cette carriere dangereuse.

On m'a fait appercevoir que plusieurs Vers de ma Piece se trouvoient dans d'autres Pieces de Théatre. Je dis qu'on m'en a fait apperceyoir; car soit qu'ayant la tête remplie de Vers d'autrui j'aye crû travailler d'imagination, quand je ne travaillois que de memoire, soit qu'on se rencontre quelquefois dans les mêmes pensées & dans les mêmes tours ; il est certain que j'ai été plagiaire sans le sçavoir, & que hors ces deux beaux Vers de Corneille, que j'ai pris hardiment, & dont je parle dans mes Lettres, je n'ai eu dessein de voler personne.

Il y a dans les Horaces,

Eſt-ce vous Curiace, en croirai-je mes yeux ?
Et dans ma piece il y avoit,
Eſt-ce vous, Philoctete, en croirai-je mes yeux ?

J'eſpere qu'on me fera l'honneur de croire que j'aurois bien trouvé tout ſeul un pareil Vers. Je l'ai changé cependant auſſi bien que pluſieurs autres, & je voudrois que tous les defauts de mon ouvrage fuſſent auſſi aiſez à corriger que celui-là.

On m'apporte en ce moment une nouvelle Critique de mon Oedipe*, celle-ci me paroît moins inſtructive que l'autre, mais beaucoup plus maligne. La premiere eſt d'un Religieux, à ce qu'on vient de me dire. La ſeconde eſt d'un homme de lettres, & ce qui eſt aſſez ſingulier, c'eſt que le Religieux poſſede mieux le Theatre, & l'autre la raillerie. Le premier a voulu m'éclairer, & y a réuſſi. Le ſecond a voulu m'outrager, mais il n'en eſt point venu à bout. Je lui pardonne ſans peine ſes injures en faveur de quelques traits ingenieux & plaiſans dont ſon ouvrage m'a paru ſemé. Ses railleries m'ont plus diverti, qu'elles ne m'ont offenſé. Et même de tous ceux qui ont vû cette Satire en manuſcrit, je ſuis celui qui en ai jugé le plus avantageuſement. Peut-être ne l'ai-je trouvé bonne que par la crainte où j'étois de ſuccomber à la tentation de la trouver mauvaiſe. Ce ſera au Public à juger de ſon prix.

Ce Cenſeur aſſure dans ſon ouvrage, que ma Tragedie languira triſtement dans la Boutique de Ribou, lorſque ſa Lettre aura deſſillé les yeux du Public ; heureuſement il empêche lui-même le mal

---

*C'eſt une Satyre en forme de Lettre qui m'eſt adreſſée, & qui commence : (J'attendois avec impatience.) Elle eſt imprimée chez Charles Guillaume.

qu'il me veut faire. Si fa Satire est bonne, tous ceux qui la liront auront quelque curiosité de voir la Tragedie qui en est l'objet. Et au lieu que les pieces de Theatre font vendre d'ordinaire leurs Critiques, cette Critique fera vendre mon ouvrage. Je lui aurai la même obligation qu'Escobar eut à Pascal. Cette comparaison me paroît assez juste; car ma poësie pourroit bien être aussi relâchée, que la morale d'Escobar. Et il y a quelques traits dans la satire de ma Piece, qui sont peut-être dignes des Lettres Provinciales, du moins par la malignité.

Je reçois une troisiéme Critique; celle-cy est si miserable, que je n'en puis moi-même soûtenir la lecture. J'en attends encore deux autres. Voilà bien des ennemis; mais je souhaite donner bientôt une Tragedie qui m'en attire encore davantage.

F I N.

www.ingramcontent.com/pod-product-compliance
Lightning Source LLC
Chambersburg PA
CBHW060152100426
42744CB00007B/994